GILBERTO DIMENSTEIN

MÄDCHEN DER NACHT

PROSTITUTION UND MÄDCHENSKLAVEREI
IN BRASILIEN

GILBERTO DIMENSTEIN

MÄDCHEN DER NACHT

Prostitution und Mädchensklaverei
in Brasilien

Mit Fotos von Paula Simas
und einem Vorwort
von Dorothee Sölle

Aus dem brasilianischen Portugiesisch
von Sabine Müller-Nordhoff

MARINO VERLAG

Diese Publikation wurde vom Kirchlichen
Entwicklungsdienst der Evangelischen
Kirche in Deutschland gefördert.

Die Deutsche Bibliothek – CIP-Einheitsaufnahme

Dimenstein, Gilberto:
Mädchen der Nacht : Prostitution und Mädchensklaverei
in Brasilien / Gilberto Dimenstein. Mit Fotos von Paula
Simas. Aus dem brasilianischen Portug. von Sabine Müller-
Nordhoff. - München : Marino-Verl., 1993
    Einheitssacht.: Meninas da noite <dt.>
    ISBN 3-927527-55-6

© dieser Ausgabe:
    Marino Verlag München
    Theresienstr. 40
    8000 München 2

Originalausgabe: Editora Àtica S.A., São Paulo

Satz: dm DruckMedien, München
Druck und Bindung: gorenskij tisk, Slowenien

Ich widme dieses Buch Andressa (links) und Adriana, zwei Opfern der Gewalt, die ihre Mutter, von Kind an eine Prostituierte, erst im Aluminiumsarg eines Leichenwagens wiedersahen. Die beiden sind das lebende Vermächtnis der Mädchen der Nacht.

Ich möchte all jenen danken, die mich auf die Spuren des Mädchenhandels geführt haben. Einige haben dabei ihr Leben auf's Spiel gesetzt. Mein besonderer Dank gilt Lurdes Barreto, der Wortführerin der Prostituierten von Pará, und Pater Bruno Secci. Sie haben entscheidend bei der Entstehung dieser Untersuchung mitgewirkt.

Dieses Buch wurde mit Unterstützung der „Folha de S. Paulo" und der Fundação MacArthur herausgebracht.

INHALT

▓▓▓ VORWORT

Es gibt zwei verschiedene Arten von Wissen über die Realität auf unserem Globus am Ende des 2. Jahrtausends. Eines ist das bei uns verbreitete, faktische, speicherbare Kopf-Wissen. Es weiß doch jeder: Die Kinder innerhalb der Elendswelt sind hungrig, sie lernen nichts und vegetieren dahin, sie sterben an heilbaren Krankheiten... das weiß doch jeder. Diese Art Wissen langweilt die Wohlstandskinder in unseren Schulen. Schon das Wort „Dritte Welt" ruft Gähnen und Abschalten hervor. Wer will schon davon hören... Sicher ist es richtig, daß die Armut die Prostitution zur natürlichsten Sache der Welt werden läßt... Nur, wen betrifft das schon?

Es gibt ein anderes Wissen, das am Schicksal einzelner Menschen entsteht. Es beginnt z.B. mit dem Bild eines Mädchengesichts oder mit einem gesprochenen Satz. Mich hat in dem hier vorliegenden Buch der Satz einer Zwölfjährigen betroffen, die dem Autor die Frage stellt: „Es gibt nur einen Unterschied zwischen mir und den anderen Mädchen hier von der Straße. Weißt du welchen?" Er verneint, worauf sie ihr Hemd hochhebt und lachend sagt, „Ich habe noch keinen Busen." Mein Kopfwissen sagt mir, daß die Altersgrenze der Mädchen, die in die Prostitution geraten, immer niedriger wird. Aber der Satz „Ich habe noch keinen Busen" hat eine andere Qualität: er läßt mich nicht los, er macht mich neugierig. Ich will es genauer wissen. Das Kopf-wissen tritt zurück, vor allem, wenn es nichts wirklich erklärt. Ich entdecke meine anderen Fähigkeiten wieder, mit dem Wissen umzugehen: Neugier, Anteilnahme, Wut.

Manche Sätze in diesem Buch haben diese Qualität. Aus abgebrühten Zynikern, die wir alle sind, auch wenn wir unter der Grenze der täglichen sechs Stunden Gehirnwäsche bleiben, machen sie uns wieder zu Kindern. Und wir können dieses Buch über Kinder nur verstehen, wenn etwas vom Kind in uns wieder aufwacht.

Die Reportage von Gilberto Dimenstein macht mich erschrocken, macht mich neugierig, macht mich zu dem quengeligen „Warum denn"-Kind, das ich mal war. Warum nur? Und warum gibt es niemanden, der Kinder beschützt, wenn die Väter es nicht tun und die Kinder es nicht können? Warum gibt es keine Lehrer für diese Kinder, wie ist es mit dem Schulwesen in einem Land mit Großgrundbesitzern, die Millionäre sind? Warum werden die Lehrer unter Existenzminimum bezahlt, so daß sie monatelang streiken? Warum gibt es für die Armen keine Schulen? Keine Krankenhäuser? Gibt es kein Rechtsbewußtsein? Keine Rechtsaufklärung? Sexualerziehung? Frauensolidarität? Widerstandsbewegung?

Gilberto Dimenstein stellt diese Fragen nicht, er berichtet aus der Perspektive des Mitleids und des Ekels, aber sein Bericht ruft die analytischen Fragen hervor. Er zeigt die Zusammenhänge auf: Gewalt schon zuhause statt minimaler Geborgenheit, Auflösung der Familienstruktur, dank einer Ökonomie, die die Reichen reicher macht, und die Armen entwurzelt. Alles und jeder ist käuflich. Die Väter verkaufen die Töchter an Verführer aus anderen Gegenden, die Mütter schicken sie auf der Straße anschaffen. Die Kinder sind dann in der Gewalt ihrer Händler und Besitzer, werden mit Drogen und Alkohol abhängig gemacht, von einem raffinierten System, das ihnen Lohn vorenthält, dafür aber angebliche Transport- und Ausstattungskosten für ewig eintreibt. Sie geraten in ständige Unfreiheit. „Sie wurden bewacht und hatten keinerlei Bewegungsfreiheit. Man hatte sie getäuscht. Als sie... ankamen, erfuhren sie, daß sie eine Schuld zu begleichen hätten und nicht gehen könnten, solange diese nicht abgezahlt sei." Dieses Detail erinnert mich an die deutschen Konzentrationslager, die von den Angehörigen der Ermordeten die Bestattungskosten eintrieben. Also frage ich mich beim Lesen, ob und seit wann die Sklaverei in Brasilien abgeschafft ist. Und ob die Gesetze zum Schutz der Menschenwürde eigentlich auch für Frauen und Mädchen gelten.

Es gibt auch Details, die mich in stumme, hilflose Wut versetzen. Wie die Goldgräber die Mädchen in Hühnchen (unter 18 Jahren alt) und Hennen (älter als 18) einteilen. Viele Männer – und Menschenhändler sind in der Regel Männer – haben sich auf die Hähnchen spezialisiert. „Wenn sie mehr als 15 Kilo wiegen, sind sie genau richtig." Ich wünsche mir, daß dieses Buch mehr als stumme, hilflose Wut hervorruft, und seien es auch nur einige Anfragen an die Neue Weltordnung, in der und von der wir leben, eine durch Militär und Polizei gesicherte patriarchale Eigentumsordnung, die immer mehr Sklavinnen produziert. Selbst eine Kultur wie die indianische, die keine Prostitution kannte, wird den Segnungen des freien Marktes unterworfen. Frauen sind Hennen und Hühnchen, und werden nach Gewicht berechnet. War das System der Antike und des frühen Kolonialismus mit einer Sklaverei, die auch als solche bezeichnet wurde, nicht ehrlicher. Der An- und Verkauf von Menschen war legal, die Verlustquote wurde stets einberechnet und durch Frischware ersetzt. Vielleicht würde dann die stumme und hilflose Wut, die dieses Buch hervorruft, zu einer lauten und unüberhörbaren Anklage.

Im vorigen Jahrhundert führte ein einziges Unrecht, an einem jüdischen Offizier begangen, zu einem unerhörten Skandal. Ich denke an die Affaire Dreyfuß und an Emile Zolas „J´accuse".

Es ist nicht wahr, daß Aufschreie nichts bewirken – wir müssen nur laut genug schreien.   *Dorothee Sölle*

▨▨▨ EINLEITUNG

Um acht Uhr zwanzig setzt sich der Propeller der einmotorigen Maschine des Typs PTNMU von der EMBRAER* auf dem südwestlich von Pará gelegenen Flughafen von Itaituba in Bewegung. In dem Flugzeug befinden sich, abgesehen von mir und dem Piloten, die Fotografin Paula Simas und ein Führer, dessen Namen wir zum Schutz seiner Person nicht preisgeben. Die Maschine bewegt sich an diesem noch kühlen Morgen des 1. Februar 1992 auf die Startbahn zu. Wir suchen nach dem Sicherheitsgurt und rutschen hin und her auf unseren Sitzen. Es gibt keinen. Lächelnd erklärt der Pilot:

„So etwas brauchen wir hier nicht. Es hat keinen Sinn, einen Gurt anzubringen. Wenn das Flugzeug zu sehr schaukelt, krallen sich die Goldgräber daran fest."

Für alltägliche Flüge ist das Flugzeug nicht mit Sitzen ausgestattet. Die Passagiere setzen sich auf den Boden und teilen dort den Platz mit der Fracht. Während dieser Zitterpartie hält man sich gewöhnlich an den seitlich in der Maschine befestigten Halterungen fest. Aus Angst klammern sich die Passagiere dann so fest an die Gurte, daß diese abreißen. Der Pilot hat sie schon so oft neu anbringen müssen, daß er es vorzieht, sie ganz wegzulassen.

Der Gurt ist jedoch nur ein unbedeutendes Detail. In diesem Augenblick plagt mich eher ein Gefühl des Zweifels, das sich seit Beginn dieser Untersuchung meiner bemächtigt hat. Wird es mir gelingen, eine dieser Gefangenschaften zu dokumentieren, Zeugnis abzulegen über den Handel und die Versklavung von Mädchen, die zur Prostitution gezwungen werden?

Nach sieben Monaten der Recherche war ich in den Besitz von Fotos, Bandaufnahmen, und sogar von Videos sowie Aussagen von Polizisten, Hilfsorganisationen, und unzähligen Interviews mit Zeugen und Opfern dieses Menschenhandels gekommen, der sich an den verschiedensten Punkten im Norden, Nordosten und Mittelwesten Brasiliens ereignet, im Einzugsgebiet des Amazonas. Der größte Teil dieses Materials wurde im Zuge meiner Ermittlungsarbeit gesammelt, die ich in der ersten Januarwoche dieses Jahres abschloß.

Das Wetter ist schön. Während der ganzen Flugstrecke kann man die Landschaft bewundern - den undurchdringlichen Wald, der von reißenden Flüssen mit braunem Wasser durchzogen ist. Ich nutze eine kurze Ruhephase des Flugzeuges, um etwas in mein Reisetagebuch zu schreiben. Meine Aufzeichnungen versuche ich immer auf dem aktuellsten Stand zu halten, nicht nur im Hinblick auf wichtige Informationen, sondern auch im Hinblick auf meine persönlichen Eindrücke, Details, die auf den ersten Blick unbedeutend scheinen, die aber nützlich sein können für die Ausarbeitung dieser Reportage.

Bloße Erklärungen oder nackte Tatsachen reichen mir nicht. Ich bin eher auf der Suche nach Blicken oder einem verräterischen Gesichtsausdruck. Sie können mehr Wahrheit enthalten als all die Worte derer, die ich interviewt habe. Auch versuche ich bewußt wahrzunehmen, was mir durch den Kopf geht angesichts der Dinge, die ich sehe und höre.

Über den Wolken, an Bord einer gefährlichen einmotorigen Maschine, habe ich nun Gelegenheit zu ermessen, was es bedeutet, hundert Jahre nach Abschaffung der Sklaverei ein Zeuge derselben zu werden. Ich bin so angespannt, als handele es sich um meine erste Reportage überhaupt. Meine Gefühle kommen der Empfindung eines Menschen bei seinem ersten Kuß oder während der ersten Liebesnacht gleich.

Als nach fünfzig Flugminuten die ersten Zeichen von Zivilisation sichtbar werden, unterbreche ich meine Aufzeichnungen: riesige Pfützen gelblichen Wassers, Auswirkungen der Zerstörung der Natur durch den Goldrausch. Paula Simas schießt ein Photo nach dem anderen.

Von oben betrachtet erscheint Cuiú-Cuiú harmlos: zwei Strassen mit Häuserreihen zu beiden Seiten. Ein Maultier auf der Piste behindert die Landung. Wir müssen warten, bis es guten Willen zeigt oder sich jemand herabläßt, es von der Flugbahn zu ziehen. Die Geißel der Sonne hat uns wieder, nach einer ruhigen Landung, soweit dies auf einer unbefestigten Piste voller Pfützen und Schlaglöcher möglich ist.

In wenigen Stunden wird eine Reihe von Interviews meine Zweifel erhellen und meine Untersuchung mit fotographischem Beweismaterial über die Versklavung der Mädchen abrunden. Damit ist das Ziel dieser Reise erreicht. Aber ich entschließe mich, anders vorzugehen als geplant – was ich sehe und höre und was fotographisch festgehalten ist, muß sofort veröffentlicht werden.

Es steht weit mehr auf dem Spiel als eine Reportage. Eines der Mädchen fleht mich an, es zu befreien und bringt mir wieder in Erinnerung, daß ich nicht nur Journalist, sondern auch Bürger bin. Aber in diesem Augenblick kann ich ihm nicht helfen. Ich dränge auf meine Rückkehr nach Brasília mit der Absicht, dort eine Reihe von Reportagen für die „Folha de S. Paulo" zu produzieren und die Versklavung der Mädchen in Cuiú-Cuiú aufzudecken, was, davon gehe ich aus, die Polizei auf den Plan rufen wird. So trete ich von Belém aus mit der Redaktion dieser Zeitung in Kontakt. Ich bekomme grünes Licht.

Während der Reise nach Brasília, diesmal in einer konfortablen Boing der Transbrasil, denke ich über die einzelnen Etappen nach, die ich hinter mich gebracht habe, bis ich nach Cuiú-Cuiú kam. Dort traf ich auf Beispiele für Gefangennahmen, wie es so viele im amazonischen Urwald gibt. Die Mehrzahl dieser Knechtschaften findet im Umkreis der achthundert Goldgräberclams statt, die bis zum heutigen Tag annähernd sechshunderttausend Männer angelockt haben. Ich vermerke in meinem Tagebuch den Namen der Person, deren Identität während der laufenden Untersuchungen nicht preisgegeben wurde, die aber entscheidend zu ihrem Erfolg beigetragen hat. Ohne sie wäre es sehr schwierig gewesen, überhaupt etwas zu erreichen: Maria de Lurdes Araújo Barreto, die mich in Belém auf die Fährte des Mädchenhandels und in die Labyrinthe der Kinderprostitution geführt hat. Mit Lurdes beginnt dieses Tagebuch, und, wie könnte es anders sein, mit ihr schließt seine letzte Seite.

Ich lade den Leser dazu ein, mich bei meiner Reise auf den Spuren des Menschenhandels zu begleiten – von denen Cuiú-Cuiú eine Endstation ist. Aber zunächst geht die Reise über die geheimen Standorte der Kinderprostitution, die in ganz Brasilien verbreitet ist. Das „Centro Brasileiro para a Infância e Adolescência (CBIA)"* sowie das „Ministério da Ação Social"* haben ein Dokument herausgegeben, in welchem die Zahl der minderjährigen Prostituierten in Brasilien auf fünfhunderttausend geschätzt wird.

Das Szenario dieser Route ist exotisch, unbekannt und sogar unbegehbar: es handelt sich um das Einzugsgebiet des Amazonas, das mit Teilen des Nordostens (Maranhão) und des Mittelwestens (Tocantins und Mato Grosso) annähernd 61 Prozent des gesamten brasilianischen Territoriums umfaßt.

Es ist die Region, in der die stärkste migratorische Bewegung Brasiliens stattfindet, was das Anlitz des Landes mit atemberaubender Geschwindigkeit verändert.

Männer und Frauen mit weißer Haut und hellen Haaren, die aus dem Süden kommen, vermischen sich mit den Mischlingen aus dem Amazonasgebiet. Es vermengen sich Hautfarben, Eß- und Sprachgewohnheiten. Viele waren auf der Suche nach Land, andere wurden durch das Gold angelockt. Nach der letzten Volkszählung wurden die höchsten Raten an Bevölkerungszuwachs in Amazonien festgestellt: Roraima (9,1%), Rondônia (7,9%), Mato Grosso (5,4%) und Pará (3,4%).

Im Schutz der undurchdringlichen Natur, die den Zugang zu Lande und über die Luft erschwert (unzählige Flugzeugunfälle sprechen eine deutliche Sprache), haben sich im Urwald Staaten im Staate gebildet, in denen das Gesetz auf der Seite desjenigen ist, der mehr Waffen, die besseren Pistolenschützen und die größere Kühnheit besitzt. Die Fährten des Handels mit Mädchen, die zu Prostituierten gemacht werden, beweisen nur zu deutlich das Ausufern dieser unmenschlichen Entwicklung.

Bei der Verfolgung dieser Fährten bekam ich es mit Menschen zu tun, die, würden sie nicht schon existieren, nur von einem Schriftsteller hätten erdacht werden können. Ich habe Szenen miterlebt und Aussagen zu Ohren bekommen, die, wären sie nicht ebenso wirklich, nur von einem Filmemacher oder Schriftsteller auf die Leinwand bzw. zu Papier hätten gebracht werden können.

Aber bevor ich den Leser mit nach Cuiú-Cuiú führe, auf die letzte Etappe meiner Reise, erlaube dieser mir, mit dem Anfang zu beginnen. Und mit einer der interessantesten Persönlichkeiten, die mir nicht nur auf dieser journalistischen Expedition, sondern in meinem Leben überhaupt begegnet ist. Übrigens habe ich erfahren, daß man in einer Art von ausgleichender Gerechtigkeit an den schrecklichsten und unwürdigsten Orten oft die wertvollsten Menschen kennenlernt.

Beginnen wir nun mit Lurdes in Belém, dem Ausgangspunkt dieser Untersuchung.

* EMPRESA BRASILEIRA DE AERONAVES - Brasilianische Fluggesellschaft (A.d.Ü.)
* eine Art Jugendschutzbund (A.d.Ü.).
* Sozialministerium, in dessen Zuständigkeitsbereich Rentenversicherung, Sozialversicherung und ähnliche Leistungen fallen, die in Deutschland von den Kommunen erledigt werden (A.d.Ü.).

BELÉM

Sie ist keine Akademikerin und hat nur ein paar Bücher gelesen, wenn überhaupt. Sie ist intelligent und kann sich gut ausdrücken. Auf den ersten Blick scheint es, als habe sie nach all den Schicksalsschlägen, die sie hinnehmen mußte, die Angst vor dem Leben verloren. Sie arbeitet nicht für eine Regierung. Sie ist 49 Jahre alt, aber sie wirkt älter. Um sie zu treffen, muß man eine Nachricht unter der Telefonnummer 223-6646 hinterlassen. Es ist die Nummer der „Bar Jardim", eines Bordells in der rua 1° de Março im Zentrum von Belém, wo Lurdes sich mit jüngeren und ansehnlicheren Mädchen die männliche Kundschaft streitig macht.

Mit sechzehn Jahren verließ sie Paraíba. Sie machte ihre erste Bekanntschaft mit Sex, als sie von Ladinho, dem Sohn ihres Chefs, vergewaltigt wurde. Ganz Brasilien hat sie schon durchquert und so manches Goldgräbercamp betreten und wieder verlassen. Sie hat in den verschiedensten Bordellen gelebt. Sie hat mit kleinen, großen, blonden, schwarzen Männern, mit Deutschen und Schweizern geschlafen. Sie hat sich Menschen ausgeliefert, die nichts taugten – und auch interessanten und verständnisvollen Menschen ihr Vertrauen geschenkt. Sie kam in Kontakt mit der Drogenszene und wurde abhängig. Sie ist viel geschlagen worden: von Polizisten, Freiern oder einfachen Passanten, die auf eine Frau eindroschen, um sich abzureagieren. Sie war Sklavin und mußte fliehen.

Wenn man von den Wundmalen absieht, die ihr Gesicht und ihren Blick deutlich gezeichnet haben, ist sie eine Siegerin. Sie hat vier Kinder und zwei Enkel. Alle studieren. Die jüngste Tochter, Nazaré, macht in Belém eine journalistische Ausbildung und schämt sich ihrer Mutter nicht. Im Gegenteil. Einmal hat sie diese schon mit in ein Seminar ihrer Klasse genommen, als dort das Thema Prostitution behandelt wurde. Bei ihrem Vortrag wartete Nazaré mit einer Überraschung auf: sie hatte jemanden mitgebracht, der aus dem Alltag einer Prostituierten erzählen sollte. Nazaré stellte den verstummten Kommilitonen ihren Gast vor:

„Ich möchte, daß ihr euch mit größter Aufmerksamkeit anhört, was meine Mutter zu sagen hat."

Am Morgen des 9. Januar suche ich Lurdes an ihrer Arbeitsstelle auf. Zu Anfang gibt es ein kleines Mißverständnis. Ich nähere mich ihr, und sie antwortet mit dem Blick einer Gewerbsmäßigen, die in mir einen möglichen Freier sieht. Die Situation ist eindeutig. Lurdes nimmt eine abschätzende, geschäftstüchtige Miene an.

Von meinem Platz kann ich den engen Flur der „Bar Jardim" einsehen. Von dort hat man Zugang zu den Zimmern, in denen die Schäferstündchen abgehalten werden. Wie die Kollegen von der journalistischen Fakultät, in der Nazaré studiert, postiere ich mich davor, gleich einem artigen Schüler, aufmerksam und schweigsam. Mein Ziel ist es, Informationen über das Schicksal der jungen Prostituierten zu erhalten und zu erfahren, auf welchem Wege ich an sie herankommen kann. Wer sind meine Ansprechpartner und wie soll ich mit ihnen sprechen? Brasília, wo ich seit neun Jahren als Journalist arbeite, hat mich einiges gelehrt über die Mechanismen der Korruption, die Beweggründe, die Menschen veranlassen, sich kaufen zu lassen, die Formen, mit denen diese Bestechung aus Machthunger vonstatten geht. Ich habe die Methoden des Kaufens, die Kunst des Korrumpierens kennengelernt. Vielleicht werden sie mir jetzt nützlich sein, wenn es darum geht, die Fährten des Mädchenhandels aufzuspüren. Ich habe mich an die Käuflichkeit von Menschen gewöhnt, die als bedeutend und „respektierlich" angesehen werden. Sie spielen ein einziges Spiel des Kaufens und Gekauftwerdens, dessen sie sich mit beschönigenden Worten wie „Geschicklichkeit" oder „politischer Spürsinn" zu rühmen pflegen.

Tatsache ist, daß ich mich an jenem frühen Morgen Lurdes gegenüber wie ein richtiger Volontär fühle. Lurdes schärft mir zum Beispiel ein, die Mädchen nicht gleich zu Beginn meiner Interviews nach ihren Namen zu fragen. Ich verstehe natürlich nicht, warum. Sie erklärt es mir:

„Damit wiederholst du nur das Schema, das sie von den Polizeiwachen her kennen. Das erste, wonach ein Polizeikommissar fragt, ist der Name. Es ist besser, du tastest dich ganz langsam an sie heran."

Ich habe es mit einer Welt voller Geheimkode und Heimlichkeiten zu tun. Über das Telefon erbitte ich mir Beistand von der Psychologin Ana Vasconcelos. Sie arbeitet in Recife in einem Übergangsheim, in dem Therapien mit Mädchen durchgeführt werden, die auf der Straße leben. Ich bitte sie um ihren Rat hinsichtlich der Art und Weise, in der ich mich den Mädchen nähern soll. Nach ihren Ausführungen bin ich noch unsicherer, was die Durchführbarkeit dieser Reportage anbetrifft:

„Die Mädchen müssen angenommen und respektiert werden. Sie brauchen das Gefühl, daß sie für andere Menschen wichtig sind und daß sie sich selbst und anderen viel geben können. Auf den Straßen, in ihrer ganzen Verlassenheit, in den Bordellen und im Elend ihres Elternhauses haben diese Mädchen nie Gehör gefunden. Sie sind nur das, was wir ihnen erlauben zu sein, was die anderen wollen, daß sie sind. Es ist wichtig, daß sie über ihre Ängste sprechen können. Sie müssen ihre eigene Stimme hören, nicht nur als einen Klageruf, ein Wimmern, sondern als eine Bestätigung ihrer Existenz als Menschen."

Gegen Ende unseres Gespräches kommt in wenigen Worten zum Ausdruck, wie groß die Ängste der minderjährigen Prostituierten sind:

„Das ist meine Art, mich den Straßenmädchen zu nähern, denen in Recife und in der ganzen Welt. Heute würde ich sogar sagen, das ist die Art, in der wir uns einander nähern. Zwischen uns ist alles ganz natürlich. Manchmal weine ich nach den Gesprächen mit ihnen. Ich weiß, daß auch sie weinen. Wir alle haben Gründe genug, zu weinen."

Bevor ich meine Reise antrete, gibt mir der Pädagoge Antônio da Costa, der sich in Ouro Preto, Minas Gerais, um minderjährige Prostituierte kümmert, mit auf den Weg:

„Vorsicht, die Mädchen sind daran gewöhnt, die Wünsche ihrer Gesprächspartner zu befriedigen. Sie sind in der Lage, einem zu sagen, was man hören will."

Ich bekomme eine Vorstellung davon, wie schwierig die Annäherung sein wird. Darüberhinaus gereicht mir mein Geschlecht zum Nachteil. Die Mädchen könnten unter Umständen in mir die Verkörperung eines ihrer Peiniger oder eines Freiers sehen. Jemand, dem man nicht trauen kann und vor dem man sich in acht nehmen muß. Vielleicht auch jemand, über den man zu Geld kommt. Aus diesen Gründen bemühe ich mich im Zuge meiner Reisevorbereitungen, für jede Stadt einen „Dolmetscher" zu bekommen, der die zur Annäherung nötigen Losungsworte beherrscht. Als Führer dienen mir Pfarrer, Nonnen, jüngere und ältere Prostituierte, Straßenerzieher, Mitglieder katholischer Kirchengemeinden, Gemeindevorsteher.

Mitglieder der Forschungsabteilung des Zentrums zum Schutz Minderjähriger in Pará haben festgestellt, wie diffizil, langwierig und mühsam diese Annäherung in der Praxis ist. Bei dem Versuch herauszufinden, warum die Zahl der Schwangerschaften Minderjähriger in den südlichen Regionen von Belém so gestiegen war, stießen die Verhaltensforscher auf große Schwierigkeiten. Es gelang ihnen kaum, den Mädchen Informationen zu entlocken, selbst nachdem sie ihr Vertrauen gewonnen hatten. Die Mädchen erwiesen sich als extrem verschlossen, wenn es darum ging, über ihre sexuellen Erfahrungen zu sprechen. Die Forscher hatten zwar den Eindruck, daß sie Informationen bekamen, nur erhielten sie diese auf indirektem Wege, und es war nötig, diese verschlüsselten Botschaften zu übersetzen.

Die Befragten weigerten sich, Einzelheiten ihres Intimlebens preiszugeben. Sie waren jedoch immer bestens informiert über Details aus dem Leben anderer Mädchen, die in Wahrheit sie selbst waren. Es schien so, als würden sie Phantasiegestalten entwerfen, die sie gegen Eindringlinge in ihre Privatsphäre schützten. „Sie" bedeutete in Wahrheit

„ich". Sie betrogen sich selbst aus dem Bedürfnis heraus, sich zu öffnen und über ihre Verletzungen und ihre Traumata reden zu können. Die Studie, die den Titel „Alltag der Misere und Formen der sexuellen Ausbeutung minderjähriger Mädchen in Belém" trug, schloß mit den Worten:

„Für sie ist es außerordentlich schwer, mit der starken Verurteilung fertigzuwerden, die sie erleiden müssen, weil sie auf der Straße leben und auf den Strich gehen. Unter ihresgleichen entwickeln sie eigene Regeln und Geheimkode, die viele von ihnen benutzen, um sich vor den körperlichen und verbalen Angriffen zu schützen, denen sie täglich ausgesetzt sind."

Die Verhaltensforscher haben ein elfjähriges Mädchen befragt, dessen Sprache in eindeutiger Weise das Spiel mit Geheimkodes und Ausflüchten veranschaulicht, was sich hinter der dritten Person verbirgt:

„Sie sagt, daß sie mit dem Mann ins Bett gehen wird. Ihre kleine Schwester kommt mit. Die kleine Schwester sagt, daß sie es der Mutter erzählen wird. Da sagt sie zu der kleinen Schwester, sie soll dableiben (im Motel) und solange im Swimmingpool baden. Die kleine Schwester bleibt, sie geht mit dem Mann ins Bett. Als sie wieder rauskommt, geht sie zu sich nach Hause und gibt ihrer Mutter Geld und der kleinen Schwester auch, damit sie nichts erzählt."

In Kenntnis dieser verschlüsselten Sprache gingen die Verhaltensforscher, darunter eine ehemalige minderjährige Straßenhure, der Sache auf den Grund und entdeckten eine Welt, die uns als sozial Privilegierten unwirklich erscheinen mag. Sie stellten fest, daß die Eltern ihre eigenen Kinder gewissermaßen in die Prostitution treiben. Es waren die eigenen Eltern, die von dem Mädchen verlangt hatten, das Geld zu Hause abzugeben, indem sie ihm heftige Prügel androhten.

Ein vierzehnjähriges Mädchen offenbarte die Ausbeutung durch ihre Eltern in einer wirren, jedoch eindeutig verständlichen Sprache:

„Das Beste wäre nach Hause zu gehen, ich hab vor, mit den Eltern zu reden, denn wir haben keine Schuld, die sind schuld. Sie beuten uns aus, wollen ihren Anteil."

Diese kodifizierte Sprache entstammt einer Welt, die scheinbar nichts mit dem käuflichen, aber eleganten Brasília zu tun hat, einer Stadt, in der Zugereiste auch auf schwer entzifferbare Geheimkode treffen.

Ich fühle mich, als säße ich vor einem Computer, ohne die Befehle zu kennen, die ich eingeben muß, um in ein bestimmtes Programm zu gelangen. Um diese neuen „Befehle" zu erfahren, sauge ich begierig jedes Wort von Lurdes auf, aber unsere Unterhaltung in der „Bar Jardim" wird ständig unterbrochen durch Paare, die über den Flur in die Zimmer gehen und wieder herauskommen. Wenn sie die Zimmer verlassen, wirken sie ruhiger und schläfriger, gedämpft durch die Befriedigung ihres Sexualtriebes und den Alkoholgenuß. Von draußen dringt der Autolärm und das Gekeife der Frauen herein. Es ist das typische Szenario eines Rotlichtbezirkes: Mädchen in knappen, provozierenden Miniröcken, Betrunkene auf dem Straßenpflaster, Frauen, die auf dem Bordstein sitzen. Schimpfworte, Raufereien, eine Atmosphäre gezwungener, künstlicher Verführung. Ein Kuhhandel mit dem Körper.

Möglicherweise gibt es viele, die mit weit mehr Informationen über die schwer zugänglichen Hintergründe der Kinderprostitution und den Handel mit Frauen aufwarten können. Es wird jedoch schwierig sein, jemanden zu finden, der seine Daten so systematisiert hat wie Lurdes. Dies liegt nicht nur an ihrer persönlichen Erfahrung, sondern darüberhinaus auch an ihrer Erfahrung als eine der ersten Anführerinnen der Huren des Landes.

Sie leitet die GEMPAC*. Ihre Aufgabe besteht darin, den einschlägigen Bordellen und Lokalitäten regelmäßig einen Besuch abzustatten, zu denen nur Leute wie sie Zutritt haben, und Informationen zu erhalten. Obwohl sie schon so viel erlebt hat, ist sie entsetzt über die neuesten Entwicklungen.

23

Im Dezember 1991 entdeckt sie, daß ein erst neunjähriges Mädchen sich schon als Prostituierte in einem Bordell in der rua Gaspar Viana im Zentrum von Belém verdingt.

„Die Armut treibt die Mädchen auf die Straße. Sie haben nichts zu verkaufen. Sie können nicht lesen und schreiben, nicht kochen. Das einzige Gut, das sie anbieten können, ist ihr Körper."

Aber es ist nicht nur der Körper. In der letzten Zeit sind es auch Drogen. Die Prostituierten werden immer häufiger als Zubringer dieser Ware eingesetzt. Zuerst werden sie abhängig. Dann sind sie gezwungen, mit Drogen zu handeln, um ihre eigene Sucht zu finanzieren. Das Netz der Prostitution ist eng verknüpft mit dem Drogenhandel.

In diesem Gewerbe ist jedes Mittel recht. Auf meiner Überfahrt nach Belém werde ich Zeuge, wie einige Mädchen durch den Busbahnhof streichen. Wenn der Hunger sie quält, gehen sie in die Restaurants und bitten die Kellner um eine Mahlzeit.

„Ich kann dir einen schnullern", sagt eine von ihnen.

Bald erfahre ich, was „einen schnullern" bedeutet: oraler Sex. Sie gehen mit den Kellnern oder Köchen auf eine Toilette oder an einen dunklen Ort und sehen sich in wenigen Minuten einem offenen Hosenschlitz gegenüber. Schnell verschaffen sie sich Aussicht auf eine Mahlzeit.

Es ist nicht das erste Mal, daß ich auf Lurdes treffe. Ich wurde ihr schon im August 1991 durch Pater Bruno Secci vorgestellt, einen Italiener, der seit 1973 in Belém lebt. Er ist klein, mager und hat eine sanfte Stimme. Secci, der in Rom ein Philosophiestudium absolvierte, hat sein Leben ganz in den Dienst von Kindern gestellt. Diese Mission trug ihm eine Auszeichnung durch die Unicef ein. Er ist der Urvater des „Movimento Nacional de Meninos de Rua no Brasil", einer Bewegung zum Schutz obdachloser Minderjähriger in Brasilien. Das Pilotexperiment „Erziehung auf der Straße" geht auf seine Initiative zurück. Seiner Verantwortung untersteht auch eine Schule, die von armen Kindern aus einem

Vorstadtviertel von Belém besucht wird. Dort gelang ihm das Wunder, mit Hilfe einer auf Freiheit und Zusammenschluß der Schüler ausgerichteten Erziehung, die Zahl der Schulschwänzer und Sitzenbleiber zu verringern, Erscheinungen, die in brasilianischen Schulen stark verbreitet sind.

In jenem Monat August erklärte sich Lurdes bereit, mich am Sitz der Initiative „Movimento Nacional de Meninos de Rua" in Belém zu empfangen. In nicht mehr als zwei Stunden war die Reiseroute für meine Felduntersuchungen ausgearbeitet, so zahlreich waren die vorgelegten Fakten. Pater Bruno leistete noch einen zusätzlichen Beitrag zu meiner Untersuchung, indem er über eine Finanzhilfe der Unicef 22 Forscher bereitstellen ließ, die Daten über Kinder im Einzugsgebiet des Amazonas (einschließlich der Staaten Maranhão und Mato Grosso) sammeln sollten. Es wurde beschlossen, einen Teil der Untersuchung den Prostituierten zu widmen, was meiner Arbeit zugute kommen würde.

Ich war zufrieden mit der Doppelbesetzung meines Beraterteams: ein Pater, der sich leidenschaftlich für notleidende Kinder einsetzte, studierter Philosoph und Seelenspezialist; und eine Prostituierte, Spezialistin in körperlichen Angelegenheiten. Gemeinsam hatten sie sich zur Aufgabe gemacht, Seelen und Körper zu retten. Sie gaben den Ausschlag dafür, daß ich meine Untersuchung auf das Einzugsgebiet des Amazonas beschränkte, ein Gebiet, das die Regionen des Nordens, Nordostens und Mittelwestens umfaßt und im Hinblick auf Untersuchungen über die Situation der dort lebenden Kinder und den Menschenhandel eine „terra incognita" ist.

Aber es war auch das in Mode gekommene Umweltbewußtsein, das mich herausforderte. Die ganze fragliche Region war mehr aufgrund der Verwüstung ihrer Urwälder ins Zentrum der Aufmerksamkeit geraten, als aufgrund der seelischen Verwüstung der Menschen, die dort leben. Das Umweltfieber hatte bewirkt, daß man in der ganzen Welt besser über die Fauna und Flora dieser Region Bescheid wußte als über die menschlichen Wesen dieser Landstriche. Die Kinderprostitution steht in haarsträubendem Widerspruch zu dieser fehlgeleiteten Entwicklung.

An Hand der ausgearbeiteten Berichte stellte ich die endgültige Reiseroute auf. Dabei versuchte ich, einigen der Spuren des Mädchenhandels zu folgen und die Zentren des „Importes" und „Exportes" der Mädchen aufzusuchen. Meine Reiseziele würden Imperatriz (Maranhão), Laranjal do Jari (Amapá), Manaus, Porto Velho, Rio Branco, Cuiabá, Alta Floresta, Itaituba sein. Von da aus plante ich eine Reihe von Abstechern in die Randbezirke dieser Städte, auf die man die minderjährigen Prostituierten zu verteilen pflegt.

Bei unseren ersten Begegnungen gab mir Lurdes Einzelheiten über eine wahre Verführungsbranche preis, deren Opfer die Mädchen sind. Sie werden mit dem Versprechen auf Arbeitsplätze gelockt, in Nachtbars an entlegene, unzugängliche Orte geschickt. Dort leben sie wie Gefangene in einem Käfig. Sogar etwas erfahrenere Mädchen, die schon eine Vergangenheit als Prostituierte haben, werden getäuscht. Im Gegensatz zu den unerfahrenen Mädchen wissen sie, daß sie zum Verkauf ihrer Körper angehalten werden, aber sie haben keine Ahnung von der Härte der Knechtschaft, die sie erwartet.

Fluchtversuche werden außergewöhnlich hart bestraft. Die Besitzer der Bars geben den Mädchen zu verstehen, sie seien hochverschuldet aufgrund von Ausgaben, die durch den Kauf von Flugtickets, Kleidern, Parfüms, Accessoirs etc. entstanden seien. Sie könnten erst gehen, wenn sie ihre Schuld beglichen hätten. Aber der Verwalter der „Ware" ist zugleich auch der Lieferant der Mädchen, für die er Phantasiepreise ansetzt. Das Geld, das die Freier einbringen, geht nicht einmal durch die Hände der Mädchen, sondern fließt direkt in die Kasse des Hauses. In den meisten Fällen wird die Schuld unbezahlbar. Die Mädchen erhalten erst dann wieder ihre Freiheit zurück, wenn sie krank oder schwanger sind und keine Kundschaft mehr anziehen.

Bei der Verführung der Mädchen ist jedes Mittel recht. Oft werden zunächst Beziehungen zu den Opfern eingegangen, die man anschließend zum Verkauf feilbietet. Manchmal werden die Mädchen den Familien auch direkt abgekauft. Die Meldungen über Eltern, die ihre Kinder verkaufen, sind haarsträubend. Aber Lurdes spricht darüber mit dem Gleichmut eines Menschen, der schon Schlimmeres gesehen hat. Es gibt unzählige Fälle von Müttern, die ihre Töchter in einem hauseigenen Bordell ausbeuten. Fälle von Polizisten, die die Mädchen als eine Quelle der Lust und als Einnahmequelle mißbrauchen. Eltern, die ihren Sexualtrieb an ihren Kindern befriedigen.

An jenem Morgen des neunten Januar, sechs Monate nach meiner ersten Begegnung mit Lurdes, suche ich sie wieder auf um weitere Informationen zu erhalten. Sie stößt mich auf eine andere brisante „Zugnummer": die Vermarktung von Jungfrauen.

In den Rädern des Mädchenhandels hat eine Jungfrau einen höheren Marktwert und wird sogar auf Versteigerungen feilgeboten. Lurdes ist soweit gegangen, eines dieser Häuser in Vila do Conde, Bezirk Barcarena im Staat Pará, öffentlich anzuzeigen. Dort hat man sich auf den Handel mit Jungfernhäutchen spezialisiert, die in der Gegend unter der Bezeichnung „Gütesiegel" oder, volkstümlicher, „Dekkel" laufen.

„Die Mädchen werden betrunken gemacht und anschließend den Männern ausgeliefert."

Die meisten Mädchen, die auf diesem Wege zu Huren wurden, sind minderjährig. Das hat einen einfachen Grund: mit achtzehn Jahren ist eine Prostituierte aus dieser Region verschlissen, angegriffen von zahlreichen Krankheiten. Immer wieder werden neue Arbeitskräfte benötigt. Goldgräber dieser Gegend pflegen die Mädchen, die älter als achtzehn Jahre alt sind, als „Hennen" zu bezeichnen, die jüngeren werden mit „Hühnchen" tituliert. Die Psychologin Maria Luíza Pinheiro vom CBIA, die häufig die Routen des Mädchenhandels bereist, weiß von einem Ausspruch zu berichten, den man oft von Männern zu hören bekommt, die hinter den „Hühnchen" her sind: „Wenn sie mehr als 15 Kilo wiegen, sind sie richtig."

Pinheiro hat mit vielen dieser „15-Kilo-Wesen" gesprochen, die gewaltsam zum Sex gezwungen oder mit verschlagenen Methoden dazu verführt worden waren. Eines von ihnen, ein elfjähriges Mädchen, hatte jeden Tag vor der Auslage eines Geschäftes in Macapá, der Hauptstadt von Amapá gestanden und verzückt ein Paar Blue-Jeans betrachtet. Ein junger Mann hatte ihr Interesse bemerkt, sich ihr genähert und sie gefragt, ob sie die Hose haben wolle. Sie hat die Hose bekommen, im Tausch gegen ihre Jungfernschaft. Ich muß gestehen, daß das Gespräch mit Lurdes einen nachhaltigen Eindruck bei mir hinterlassen hat, ebenso wie die Berichte der Psychologin. Aber noch habe ich meine Zweifel am Wahrheitsgehalt dieser Geschichten. Meiner Ansicht nach haben die Frauen in ihrer Darstellung übertrieben. Im übrigen ist es die Pflicht eines Reporters, nie seine Skepsis zu verlieren, allem auf den Grund zu gehen.

Am folgenden Tag reise ich nach Imperatriz, einer der wichtigsten Städte im Staat Maranhão, von wo aus ganze Heerscharen Verführter in die Goldgräbercamps geschleust werden. Es ist der erste Abstecher von Belém aus. Nun sollte es nicht mehr lange dauern, bis ich die unglaublichsten Dinge mit eigenen Augen sehen und sich meine Skepsis gegenüber Lurdes Worten und der Geschichte von dem Mädchen, das seine Jungfräulichkeit gegen ein Paar Jeans eingetauscht hatte, in Luft auflösen sollte.

[*] Grupo de Mulheres Prostitutas da Area Central – Gruppe weiblicher Prostituierter des Mittelwestens (A.d.Ü).
[*] Bewegung zum Schutz obdachloser Kinder und Jugendlicher, deren Initiatoren und Helfer oft ehrenamtlich arbeiten (A.d.Ü).

IMPERATRIZ

Gebannt verfolgen acht Jugendliche in einem Aufenthaltsraum den Film Ben Hur, den der brasilianische Fernsehsender TV Globo am Abend des 10. Januar ausstrahlt. Sie bewundern die Männlichkeit und den Mut des Hauptdarstellers Charlton Heston, der gerade dabei ist, römische Soldaten zu massakrieren. Die Lautstärke des Fernsehers ist so hoch eingestellt, daß man kaum verstehen kann, was in dem Film gesprochen wird. Eines der Mädchen, eine Minderjährige in einem Leibchen und hautengen Netzbermudas, liegt auf dem Bauch und hat ihr Kinn in die rechte Hand gestützt. Alle Mädchen sind geschminkt und frisiert, einige tragen etwas gewagtere Kleider, die die Schenkel freigeben.

Das Haus, an die 200 Quadratmeter groß, verfügt über eine große Veranda und liegt etwa 10 Kilometer vom Stadtzentrum von Imperatriz entfernt. Es handelt sich um einen unauffälligen Ort, der von einer hohen weißen Mauer umgeben ist. Im Wohnzimmer stehen vier Sessel um den Fernseher herum, in einer Ecke befindet sich eine Bar. Einige Bilder an den Wänden zeugen von einem zweifelhaften Geschmack. Weiter hinten sind die Zimmer. Obwohl ich keinen Alkohol trinke, bestelle ich mir ein Bier, das schal wird in meinem Glas. Es ist 22 Uhr, und mit Ausnahme des jungen Mannes, der die Bar bedient, bin ich der einzige Mann hier.

Zwei der Mädchen verlassen Ben Hur und setzen sich zu mir: Es sind Rose und Katia (zumindest sind das die Namen, die sie mir angeben). Beide stammen aus São Luís, der Hauptstadt des Staates Maranhão. Nachdem ich eine Zeit lang ein harmloses, vertrauenerweckendes Gespräch mit den beiden geführt habe, komme ich direkt zur Sache:

„Was muß ich machen, damit ich mit einer Jungfrau bumsen kann?"

„Magst du nicht lieber erfahrenere Mädchen?"

Bei meiner Ankunft in Imperatriz an diesem Morgen

habe ich Informationen darüber erhalten, daß in diesem Haus Versteigerungen von Jungfrauen abgehalten werden. „Dalvas Haus", wie das Etablissement in der Gegend heißt, empfängt Stammkunden der Oberschicht, die wie der Teufel hinter den Mädchen her sind. Die meisten Mädchen sind Jungfrauen oder Jugendliche, die aus anderen Städten hierherkommen.

Es versteht sich, daß man an diesem Ort, der sich in einiger Entfernung zum Stadtzentrum befindet, Diskretion bewahrt. Um dorthin zu gelangen, muß man einen unbefestigten Weg und eine Abkürzung benutzen. Hier ist Zurückhaltung oberstes Gebot, nicht nur, weil in Dalvas Haus die „begüterten Herren" aus der Stadt empfangen werden, sondern weil es 1990 schon einmal ein Fall für die Polizei war. Grund war eine Jungfrau!

Die Versteigerungen, die Maria Dalva Bandeira, eine ehemalige Lehrerin, die in ihrer Jugend studiert hatte und Nonne werden wollte, in ihrem Haus abhielt, waren bekannt. Wenn ein „versiegeltes Mädchen" eintraf, ein in diesen Kreisen gebräuchlicher Ausdruck, wurde die ganze Stadt davon in Kenntnis gesetzt. Derjenige, der am meisten Geld bot, erkaufte sich das Recht, der erste zu sein.

Die Männer pflegten sich im Salon zu sammeln. Dort führte Dalva das herausgeputzte Mädchen vor, das zu diesem Anlaß neue und ansehnliche Kleider trug und geschminkt und frisiert worden war. Anschließend wurde es auf sein Zimmer geschickt. Ein Angebot folgte dem anderen, bis das Höchstgebot erreicht war, das im allgemeinen von den Farmersöhnen erbracht wurde. Am folgenden Tag war die Sache Hauptgesprächsstoff der reichsten jungen Leute in der Gegend. Die Entjungferung hatte einen gesellschaftlichen Status.

Die Sache blieb unentdeckt, bis eines Tages die Tochter eines Unteroffiziers der Militärpolizei a.D. den Verführern zum Opfer fiel. Außer sich vor Zorn bestand der

Militär auf ein sofortiges Einschreiten der Polizei. 1990 wurde Dalva vor Gericht gestellt und zu einer Gefängnisstrafe verurteilt. Sie verriet, nach welchem Schema die Verführung der Mädchen vor sich ging.

Sie selbst hatte einen Verführer beschäftigt, der die „Ware" in den Städten im Inneren des Staates Maranhão zu beschaffen pflegte.

„Er ging in die Siedlungen, durchstreifte die Städte dieser Gegend auf der Suche nach blutjungen Mädchen, mit Vorliebe natürlich nach Jungfrauen. Er lockte sie mit guten Anstellungen, guter Bezahlung, schönen Kleidern und der Aussicht auf eine Wohnung," erklärte sie.

Zu diesem Zeitpunkt hatte sich Dalvas Haus noch im Stadtzentrum in der rua Godofredo Viana befunden. Später hatte sie es vorgezogen, an einen ruhigeren Ort zu ziehen, und genau dort befand ich mich jetzt, selbst auf der Suche nach einer Jungfrau.

„Gibt hier keine," informiert mich Katia, eine Dunkelhaarige mit glatten Haaren und einer recht dunklen Haut, und läßt durchblicken, daß sie jeder Jungfrau vorzuziehen sei.

Ich bestehe jedoch darauf, zu erfahren, wie man an eine Jungfrau kommt. Geld sei kein Problem, sage ich.

„Soviel ich weiß, werden die Leute angerufen, wenn eine Jungfrau oder ein ziemlich junges Mädchen da ist. Wer am meisten bietet, kann sie haben."

Das Gespräch findet seinen Fortgang. Ich bezahle ihr ein Getränk, einen abscheulichen Campari. Ihre Freundin will wissen, ob sie einen Whisky bestellen kann, und man serviert ihr einen Johnnie Walker, der eindeutig gepanscht ist. Dann stellt Katia mir eine Frage, die mich ein wenig aus der Fassung bringt. Sie hat das Gesprächsthema gewechselt und will wissen:

„Würdest du mich heiraten? Bin ich häßlich?"

Ich sage ihr, daß sie nicht häßlich sei – und das ist sie wirklich nicht. Hochgewachsen, schlank, hat sie die

Schönheit einer „Morena" mit ihren dunklen Augen und ihrem weichen Mund, ihren schulterlangen Haaren. Ihr Lächeln ist unschuldig, kindlich. Ich setzte sie davon in Kenntnis, daß ich verheiratet bin, zwei Kinder habe und meine Frau anbete.

Sie besteht jedoch darauf:

„Aber, wenn du nicht verheiratet wärst, würdest du mich dann heiraten?"

Ich möchte sie nicht enttäuschen und antwortete ihr mit „ja". Dann versuche ich, über etwas anderes zu sprechen. Ich stelle fest, daß sie tief befriedigt ist, aber ich verstehe nicht, warum sie so sehr auf dieser Frage bestanden hat. Es dauert nicht lange, da erkenne ich ihre Absicht. Ich frage sie, warum sie hier ist.

„Ich suche einen Ehemann. Viele Mädchen und Frauen haben ihre Ehemänner im Puff kennengelernt und sind richtige Damen geworden. Ich hoffe das auch."

Dieses Gespräch verschaffte mir einen Einblick, der mir auf der ganzen Reise dienlich sein sollte. Die Mädchen sehen in der Prostitution die Ursache für ihren Mißstand und ihre Schande. Dennoch träumen viele von einem möglichen Ausstieg, der Chance, eine Familie zu gründen und, umgeben von einer Kinderschar, vor dem Fernseher zu sitzen. Viele hegen die Hoffnung, dem Prinzen auf dem weißen Pferd zu begegnen. Aus diesem Grunde verlieben sie sich schnell in einen Freier, der ihnen mit etwas mehr Höflichkeit und Verständnis begegnet.

Bald entdecke ich, daß meine Anwesenheit Anlaß gibt zu Vermutungen und Neugier weckt. Eine Gruppe von Mädchen, die vor dem Eingangstor steht, nähert sich dem Auto mit Chauffeur, das ich gemietet habe. Eines dieser Mädchen fragt den Fahrer:

„Ist der Typ schwul?"

Der Fahrer verneint das und will wissen, warum sie an meiner Mannhaftigkeit zweifeln.

„Er ist schon ein paar Stunden hier und hat noch mit keiner gebumst," erklärt eines der Mädchen.

Auf dem Rückweg erzählt mir der Fahrer von diesem Gespräch. Ich habe den Verdacht, daß auch er mir nicht über den Weg traut, schließlich handelt es sich bei diesem Ort nicht um den geeigneten Platz, Plaudereien abzuhalten, noch ist es der adäquate Aufenthalt für einen glücklich verheirateten Mann. Während der Autofahrt habe ich Gelegenheit, meine Gedanken zu ordnen: Personen, Sätze und Szenen gehen mir durcheinander. Mein Besuch in Dalvas Haus beschließt einen Tag, der mir eine ganze Reihe von schockierenden Dingen vor Augen führte.

Am nächsten Morgen treffen wir in Imperatriz ein. Wie immer herrscht dort eine unerträgliche Hitze. An den Ufern des Rio Tocantins gelegen, ist diese Stadt 608 Kilometer von Belém und 736 Kilometer von São Luís entfernt. Am anderen Flußufer beginnt Tocantins, der jüngste Staat Brasiliens. Hier grenzen die Regionen des Nordens, Nordostens und Mittelwestens aneinander, aus denen angeblich Heerscharen von Mädchen in die Goldgräbercamps geschleust werden, wenn man den entsprechenden Meldungen Glauben schenken darf. Sie werden in die Hauptstädte, in die größeren Städte oder in die Dörfer gebracht, die in nächster Umgebung der Wasserkraftwerke und Siedlungsprojekte gewachsen sind. Die Gegend ist in die Schlagzeilen geraten aufgrund der dort herrschenden gewalttätigen Streitereien um Landbesitz. Irgendwo in Imperatriz wurde der Pater Josimo am hellichten Tage umgebracht, ein Fall, der internationales Aufsehen erregte.

Wie die meisten brasilianischen Städte platzt auch Imperatriz aus allen Nähten. 1852 ließen sich hier die ersten Siedler nieder und lebten von der Viehzucht. Bis zum Jahre 1950 bestand diese Stadt aus drei Straßen und beherbergte annähernd tausend Einwohner. Mit dem Bau von Straßen, vor allem der Verbindung zwischen Belém und Brasília, entwickelte sich diese Stadt zu einem wahren Handelsumschlagplatz. 1980 wohnten dort bereits 228.000 Einwohner, von denen die meisten aus dem Nordosten eingewandert waren, auf der Suche nach Arbeit. Die Rezession hatte die Kinder dieser Einwanderer auf die Straße gestoßen.

Kaum angekommen, versuchen wir gleich, mit den „Dolmetschern" Kontakt aufzunehmen, die uns zu den Prostituierten führen können: es sind Manoel Alves Pereira, von der „Pastoral do Menor"° und Francisca Pereira Mota, Mitarbeiterin der „Pastoral da Mulher Marginalizada"°. Beide stellen mich Francisca Ferreira vor, einer Prostituierten mit dem Spitznamen „Chica Bagaço", die Erziehungsarbeit mit den Töchtern von Huren leistet.

„Chicuta", wie Francisca Pereira Mota von ihren Freunden genannt wird, arbeitet schon seit siebzehn Jahren mit Prostituierten. Sie wird von der Polizei nicht gerade gerne gesehen, da sie diese mitunter wegen willkürlichen Vorgehens anzeigt. Ebensowenig Verständnis kann sie von den konservativen Kreisen dieser Gemeinde erwarten. Einmal schnappte sie auf der Straße hinter ihrem Rücken eine Unterhaltung zwischen zwei Frauen auf:

„Da geht die Verteidigerin der Mädchen, die unsere Ehemänner bestehlen."

Sie führt uns nach Farra Velha, einem Rotlichtbezirk von Imperatriz. Es handelt sich um einen Stadtteil, in dem die Töchter erwartungsvoller Einwanderer aus dem Nordosten aufgeschnappt und in andere Teile des Landes gebracht werden.

Auf dem Hinweg erzählt sie uns einige Geschichten. Eine der Damen aus dem Stadtviertel wollte ihr Haus renovieren. Sie hatte jedoch kein Geld. Dann konnte sie sich ihren Wunsch doch erfüllen. Nachbarn entdeckten schließlich die plötzliche Quelle dieses Reichtums: die Jungfernschaft eines ihrer Kinder war gegen Gold verkauft worden.

Chicuta geht an dem Haus vorbei und zeigt uns die

Frau. Etwas später stellt sie uns Celma Carneiro vor, eine ehemalige Kupplerin, die sich heute zur Ruhe begeben hat. Sie hat einen Polizisten geheiratet und „von diesem Leben gelassen." Die Wände ihres Hauses hat Celma mit einer wahren Flut von Reliquien katholischer Gläubigkeit behängt.

„Meine Mutter war nicht davon begeistert, daß ich aufhöre," erzählt uns Celma, an deren Seite die beiden Dolmetscher, Manoel und Chicuta, sitzen.

Ich glaube, nicht richtig gehört zu haben und bitte sie, ihren Satz noch einmal zu wiederholen. Und sie wiederholt, was sie bereits gesagt hat.

„Meine Mutter hat das nicht gerne gesehen. Vorher brachte ich was nach Hause. Seit ich nicht mehr anschaffe, kommt kein Geld mehr rein."

Wir stoßen auf das Phänomen, von dem Lurdes in Belém schon berichtet hatte: die Familien akzeptieren nicht nur die Prostitution der eigenen Töchter, sondern sie beuten ihre Kinder aus. Chicuta offenbart uns, daß nur allzu häufig Väter die eigenen Töchter an Verführer verkaufen, die aus anderen Teilen des Landes angereist kommen und auf der Suche nach schönen und vor allem jungen Mädchen sind. Die ansehnlichsten unter diesen Mädchen kommen gleich in Dalvas Haus unter. Ich bin erstaunt darüber, mit welcher Selbstverständlichkeit die in dem kleinen Wohnzimmer versammelten diesen Bericht aufnehmen. Ich habe den Verdacht, sie würden keinen anderen Gesichtsausdruck an den Tag legen, hätten wir über die letzte Seifenoper des TV Globo geredet.

Aber es ist nicht nur das, was meine Aufmerksamkeit erregt. Das Stadtviertel Farra Velha selbst ist eine wahre Filmkulisse, mit seinen ärmlichen kleinen Häusern, die unbefestigte Straßen säumen. Ein Kuriosum sind die Indios, die diesen Ort aufsuchen. Wenige Meter entfernt gibt es einen Posten der FUNAI*. Die Indios verkaufen

Marihuana, das ihr Stamm ganz ungeniert hier anbaut. Die jungen Leute, die hinter dieser Droge her sind, treten mit den Indios in Kontakt, die mit der Ware vor dem Sitz der FUNAI aufwarten. Viele stehlen, um sich Marihuana kaufen zu können, und bezahlen nicht mit Geld, sondern mit Radios, Uhren, Schuhen oder Hemden. Aus diesem Grund hat man neben der Behörde ein Amt zum Schutz der Minderjährigen errichtet.

Von Celmas Haus aus ruft Chicuta ein schwangeres Mädchen, das sie vorbeigehen sieht.

Schüchtern, voller Mißtrauen, wagt die Kleine nicht, den Raum zu betreten. Sie lehnt an der Türe und läßt nur die eine Hälfte ihres Körpers sehen. Ana Paula Ferreira da Silva, dreizehn Jahre alt, im dritten Monat schwanger, verkauft ihren Körper in einer Bar fünfzig Meter von hier. Eine dreizehnjährige Schwangere, die sich prostituiert, stellt an sich schon einen schrecklichen Tatbestand dar. Aber das ist noch nicht alles: sie arbeitet in dem Bordell ihrer Adoptivmutter Marina Ferreira.

„Manchmal schäme ich mich, es da zu treiben, wegen meiner Mutter," gesteht uns Ana Paula. Wir lernen die Mutter kennen. Sie gibt sich sympathisch, gastfreundlich und zeigt sich sogar besorgt um das Wohl ihrer Tochter. Die Vorstellung, Großmutter zu werden, gefällt ihr:

„Wer weiß, vielleicht kommt das Mädchen jetzt zur Ruhe. Ganz schön aufgedreht, ganz schön aufgedreht."

Wir erfahren ein wenig mehr aus Anas Leben. Marina wohnte damals in São Luís*. Eines Morges vernimmt sie ein eigenartiges Geräusch. Sie dachte, es handele sich um eine Boa, die gerade einen Frosch verschlingt, was in dieser Gegend häufig vorkommt. In ihren Ohren klang es wie die erstickten Schreie eines Frosches, der von einer Schlange hinuntergewürgt wird.

„Nur, daß es nicht ganz das gleiche Geräusch war," erinnert sie sich.

Sie näherte sich der Stelle, aus der die Töne kamen

und sah ein wenige Wochen altes Baby, das jemand direkt neben eine Wasserpfütze gelegt hatte. Sein Gesicht war von Wunden bedeckt.

„Es paßte fast in meine Faust, so klein war es."

Sie nahm den Säugling auf und brachte ihn zum Arzt. Vorher hatte ihr noch eine Nachbarin angeraten: „Laß es doch liegen, Gevatterin. Das ist Fraß für die Ameisen." Aber Marina hatte sich entschieden. Sie wollte das Kind aufziehen und schloß Ana in ihr Herz, die damit aufwuchs, im Bordell ihrer Mutter die Männer ein- und ausgehen zu sehen. Weder Marina noch ihre Mutter wissen, wann alles begonnen hat. Plötzlich war auch Ana dabei, anzuschaffen. Dann wurde sie schwanger und brach ihre Beziehungen mit Männern ab.

„Ob es dem Baby wehtut?" fragt sie.

Ihre Frage zeugt von Unkenntnis. Im Verlauf unserer Untersuchung haben wir 53 minderjährige Prostituierte befragt, und nur 15% dieser Mädchen hatten verhütet, 5% hatten regelmäßig Kondome benutzt. Die Mehrheit dieser Prostituierten hatte nicht die geringste Ahnung davon, wie ihr Körper funktionierte, noch daß sie Gefahr liefen, schwanger zu werden. Vierzig Prozent der Befragten hatten mit den primitivsten Methoden abgetrieben, indem sie sich Fußtritte auf den Bauch hatten verpaßen lassen, ungeeignete Drogen wie Chinin, ein Mittel gegen Malaria, eingenommen und die Frucht mit Stricknadeln bearbeitet hatten. Andere hatten ihr Kind einfach ausgesetzt in der Hoffnung, jemand werde es aufgreifen, wie es mit Ana geschehen war.

Die Armut läßt die Promiskuität zu der natürlichsten Sache der Welt werden. Szenen wie der Handel der Mütter mit ihren Töchtern oder Abtreibungen mit Stricknadeln verwundern oder entrüsten hier keinen mehr. Sie gehören mittlerweile zum Alltag. Eine unserer Dolmetscherinnen, Chica Bagaço, wohnt in Farra Velha, fast gegenüber von Celmas Haus. Sie ist ein gutes Beispiel dafür, wie die Bedürfigkeit schließlich geradewegs und unaufhaltsam in die Promiskuität führt.

Sie war nach Imperatriz gekommen, um dort als Köchin zu arbeiten. Zu verlieren hatte sie damals nichts. Sie hatte keine Anstellung und keinen Ehemann. Bei ihrer Ankunft erfuhr sie, daß sie in einer Nachtbar arbeiten sollte. Sie erinnert sich noch an das erste Mal, als sie mit einem Freier ins Bett gehen mußte: „Als er seine Kleider auszog und ich die Größe von dem Ding da sah, bin ich auf die Straße gerannt.“

Die Zeit hat sie gelehrt, diese und andere Ängste abzulegen. Aber im Gegensatz zu den meisten Prostituierten ist es ihr gelungen, ihr Leben zu ändern. Sie trat in die kirchliche Institution für Frauen außerhalb der Gesellschaft ein und machte sich zur Aufgabe, Mädchen für Näh-, Schneider- und Kochkurse als auch für das Kunsthandwerk zu gewinnen. Die Schule war gegründet worden, um die Töchter der Frauen aufzunehmen, die in den Rotlichtbezirken arbeiten. Sie war glücklich, denn sie verdiente ihr Geld, ohne ihren Körper verkaufen und betrunkene, gewalttätige Männer ertragen zu müssen.

Aber es geschah etwas Unerwartetes. Ihr Lohn wurde von der kirchlichen Institution gezahlt, und zwar mit Hilfsgeldern, die die Stadtverwaltung von Imperatriz für diesen Zweck bereitgestellt hatte. Das Geld wurde gekürzt.

Eines Tages kam sie nach Hause und sah ihre Möbel auf der Straße stehen. Man hatte sie entlassen.

„Da mußte ich nach Farra Velha zurück. Wer sollte meine Miete bezahlen?“

Aber das ist nicht alles. Eines der Mädchen, Adriana Pereira Lima, machte Station in ihrem Haus. Chica Bagaço ließ es zu, solange Adriana den „Schlüssel bezahlte“, d.h. einen Teil des Geldes, das sie von den Freiern erhielt, an Madame, die Besitzerin des Bordells abtrat. Dabei merkte Chica Bagaço nicht einmal, daß ihre Geldnot sie selbst in eine Madame verwandelt hatte.

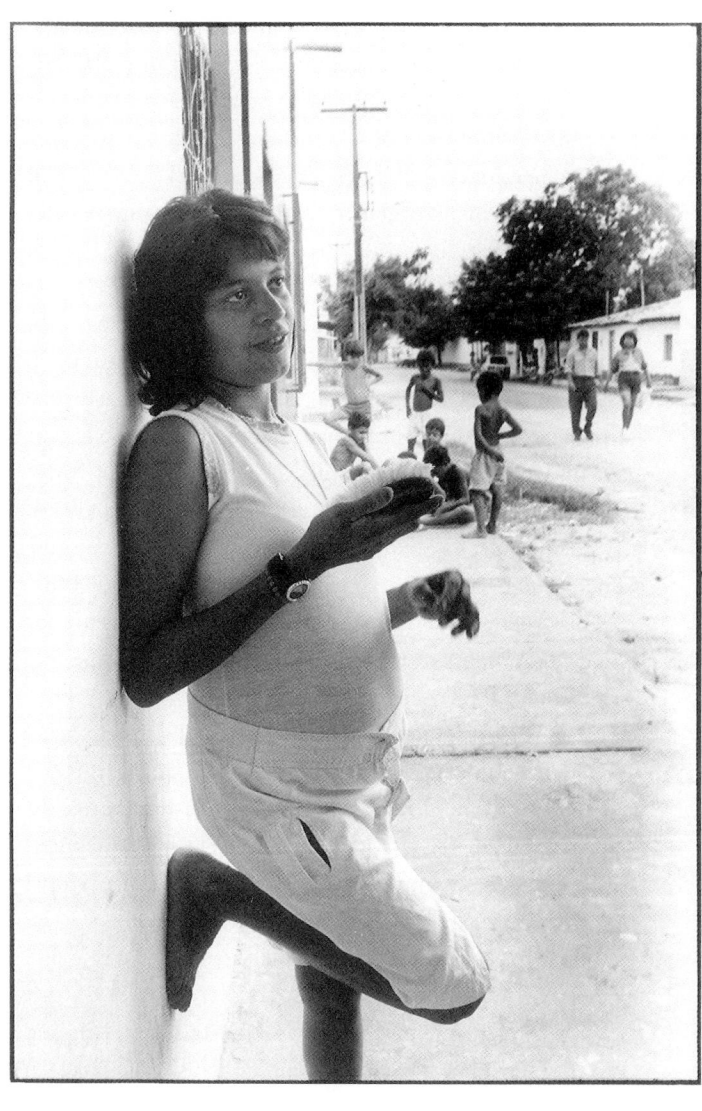

ANA PAULA FERREIRA DA SILVA

Ana Paula ist dreizehn Jahre alt, schwanger und weiß nicht, wie sie ihr Kind ernähren soll. Mit zwölf Jahren begann sie sich zu prostituieren, gewöhnt an das Kommen und Gehen in der Nachtbar ihrer Adoptivmutter. Sie erinnert sich nicht mehr, wann sie damit angefangen hat, in der Bar anzuschaffen, in der es Zimmer für die Schäferstündchen gibt.

„Manchmal schäme ich mich, es dort zu treiben," gesteht sie. Jetzt gilt ihre größte Sorge ihrem Kind. Sie hat ihre Beziehungen zu Männern abgebrochen und fragt:

„Ob es dem Baby wehtut?"

„Sobald ich kann, haue ich ab. Das hier ist eine riesengroße Schweinerei. Wenn du mich fragst, wird man hier ausgebeutet."

Chica Bagaço ist ein Fall mehr, der den Teufelskreis der Prostitution veranschaulicht. In den Gesprächen mit Mitgliedern der katholischen Hilfsorgane und auch in den Gesprächen mit Prostituierten erfahre ich von unzähligen Fällen, in denen Mädchen, die ihre Elternhäuser verlassen hatten, verführt worden waren und in dem schmutzigen Zimmer einer Nachtbar endeten. Viele von ihnen können nicht einmal mehr nach Hause zurück, denn ihre Eltern würden dies nicht zulassen. Es gibt noch einen weiteren Grund, der sie in die Prostitution treibt: einige Mädchen geben sich dem Freund hin, die Familie kann das nicht akzeptieren und die Mädchen verlassen ihr Zuhause. Ohne berufliche Ausbildung bleibt ihnen nichts, als ihre Körper zu verkaufen.

So ging es auch Adriana, die in dem Bordell von Chica Bagaço lebt. Ihre Familie konnte nicht hinnehmen, daß Adriana ihre Jungfräulichkeit verloren hatte. Sie wurde auf die Straße geschickt.

„Mein Traum ist, einen Mann, Kinder und eine Arbeit zu haben. Aber wo kann ich arbeiten, wenn ich nicht studiert habe?" überlegt Adriana.

Auf einer der zahlreichen Spuren des Handels mit Mädchen wie Adriana, die nach Imperatriz kommen und wieder gehen, befindet sich die Gemeinde Laranjal do Jarí, in Amapá, an der Grenze zu Pará. Bekannt als „Beiradão", wurde sie unter anderem gegründet, um den Männern, die im Projekt Jari arbeiten sollten, Frauen zu beschaffen. Mit dem Projekt Jari wollte sich der verstorbene amerikanische Millionär Daniel Ludwig den Traum verwirklichen, Amazonien in ein einziges Lebensmittellager zu verwandeln.*

° Organ der katholischen Kirche, das sich den Schutz Minderjähriger mit finanziellen, moralischen und religiösen Mitteln zur Aufgabe gemacht hat (A.d.Ü.).

° Organ der katholischen Kirche, das außerhalb der Gesellschaft stehende Frauen mit finanziellen, moralischen und religiösen Mitteln unterstützt. Die Mitarbeiter dieser „Pastorais" arbeiten größtenteils ehrenamtlich.

° „Fundação Nacional Indígena" – Stiftung, die mit dem Ziel geründet wurde, die Interessen der Indios zu vertreten (A.d.Ü.).

° Hauptstadt des Staates Maranhão (A.d.Ü.).

* Der ursprüngliche Hintergrund des „Projektes Jari" war die Verarbeitung von Holz zu Zellulose zur Herstellung von Papier. Der amerikanische Millionär Ludwig hatte die entsprechenden Produktionsmaschinen über den Seeweg von Japan aus importieren lassen und im Amazonasgebiet zum Einsatz gebracht. Damit wurden in der Region viele Arbeitsplätze geschaffen und eine lokale Entwicklung des Gebietes vorangetrieben. Später verkaufte man die Fabrik an brasilianische Unternehmer. Die Anlagen dienen mittlerweile auch der Neubepflanzung gerodeter Gebiete, womit ein Teil der geschädigten Umwelt aufgerüstet wird. Um diese Produktionseinheiten wurden auch andere Industriezweige und Aktivitäten geschaffen, die, wie man sieht, der Region nicht nur zum Vorteil gereichen (A.d.Ü.).

Ihr größter Traum ist es, zu studieren, zu arbeiten und eine Familie zu haben. Mit anderen Worten, die Prostitution aufzugeben. Sie verdient ihren Lebensunterhalt in einem Bordell in Farra Velha, einem heruntergekommenen Rotlichtbezirk von Imperatriz. Dort treiben sich Betrunkene und Banditen herum. Es ist nicht nur ein gewalttätiger, sondern auch ein exotischer Ort: Indios handeln dort offen mit Marihuana, das von ihrem Stamm angebaut wird.

Adrianas Traum, der auf den ersten Blick bescheiden scheint, kommt ihr vor wie ein fernes und beinahe unerreichbares Ziel. „Wo werde ich Arbeit finden, wenn ich nichts gelernt habe?"

Janaína Patrícia Pereira, unsere Führerin in Laranjal do Jari, ist gerade vierzehn Jahre alt und prostituiert sich schon seit vielen Jahren. Sie geht dieser Arbeit nicht regelmäßig nach, nur wenn sie etwas Taschengeld braucht, wie sie sagt. An diesem Morgen des 15. Januar durchstreift sie die Verstecke und heimlichen Eingänge von Malvinas, einem Viertel, in dem die Huren wohnen, und stellt uns ihren Kolleginnen vor. Eine von ihnen kann sich nicht von ihrem Bett erheben, so sehr steht sie unter Drogeneinfluß.

Janaína hat eine sehr kindliche Art. Während unseres Ganges durch das Viertel schenkt sie uns einige Male ihr süßes, unschuldiges Lächeln. Sie glaubt an die übernatürlichen Kräfte von Boto, dem weißen Delphin, der sich der Sage nach in einen Mann verwandelt und die Mädchen verzaubert*. Im Amazonasgebiet ist die Legende von den Zauberkräften des weißen Delphins schon häufig ernst genommen worden und hat so manches unverheiratete Mädchen, das schwanger geworden war, vor dem Zorn der Eltern bewahrt. Janaína bewegt sich leichtfüßig über das Netz der schwebenden Holzbrücken, die an Pfahlbauten vorbeiführen. Alles zusammen bildet den „Beiradão", eine Siedlung, durch die insgesamt 25 Kilometer Holzbrücken führen. Sie wurde an den Ufern des Flusses Jari, im Süden von Amapá, errichtet und ließ ein wahres Labyrinth an Holzstraßen entstehen. Dort leben 35.000 Einwohner dicht aufeinander.

Wir müssen uns mit größter Vorsicht fortbewegen und darauf achtgeben, daß wir nicht stolpern und von den engen Brücken fallen. An einigen Stellen muß man äußerste Umsicht walten lassen, hier ist der Gleichgewichtssinn eines Seiltänzers gefragt. Gelassen und gleichmütig angesichts unserer Anspannung erzählt uns Janaína derweil von ihren Vorlieben:

„Ich tanze für mein Leben gern. Ich glaube, es ist das, was ich am meisten liebe."

An den Wochenenden sind diese Holzüberwege rand-
voll mit Männern, die auf der Suche nach dem käuflichen
Vergnügen sind. Nicht selten geschieht es, daß die Be-
trunkensten und Unvorsichtigsten unter ihnen die zwei
Meter in die Tiefe stürzen, die diese Brücken über der
Erde schweben. Sie stammen noch von dem Projekt Jari
her, das der amerikanische Unternehmer Daniel Ludwig
in den siebziger Jahren um die Stadt Monte Dourado in
Pará aufgebaut hatte. Das Projekt verschlang eine Milliarde
Dollar. Heute gibt es dort Produktionseinheiten, die Zellulose, Porzellanerde und Bauxit herstellen. Sie werden
von brasilianischen Unternehmen verwaltet.

Monte Dourado ist nur durch den Fluß von Beiradão,
dem unfreiwilligen und unkontrollierbaren Abfallprodukt
dieses Megaprojektes getrennt, das Amazonien in eine
landwirtschaftliche Oase verwandeln sollte. Unter anderem wurde es aufgebaut, um für die dort arbeitenden
Männer Frauen herbeizuschaffen.

Die Überfahrt mit einem Motorboot von einen zum
anderen Ufer benötigt zwei Minuten, aber es ist eine Fahrt
in eine andere Welt. Das Anlitz von Monte Dourado
gleicht einer Postkarte, auf der der Traum des exzentri-
schen Projektes Ludwig Wirklichkeit geworden ist. Diese
Stadt ist das Ebenbild eines Viertels aus dem Landesinneren
der Vereinigten Staaten: Häuser im Grünen, die nicht
durch Mauern voneinander getrennt sind, saubere Straßen,
gesäumt von blühenden Büschen und Beeten. Die Fülle
und Schönheit der roten, gelben, violetten und weißen
Bouganvilles raubt einem den Atem. Saubere, adrett ge-
kleidete Kinder spielen auf den Straßen. Von dort gelangt man in die deprimierende Kulisse von Beiradão,
das über keinerlei Kanalisation verfügt, und wo alleine
im Dezember letzten Jahres 65 Menschen der Cholera
zum Opfer fielen.

Wann immer sie können und das Geld reicht, tauschen die Arbeiter das hygienische Monte Dourado ge-

gen die Körper der Frauen von Beiradão ein, die sich auf den Holzbrücken zur Schau stellen. Auch unsere kleine, gefällige Führerin ist eine von ihnen. Nicht immer finden die Arbeiter das Vergnügen, das sie suchen. Häufig werden sie in Raufereien verwickelt und nicht selten muß jemand dabei sein Leben lassen. Pater Luigi Carline, ein Italiener, der in La Spezia in der Nähe von Genua geboren ist, hat sich noch immer nicht an die Gewalt hier gewöhnt:

„Stellen Sie sich vor, alleine letztes Weihnachten sind hier siebzehn Leute erstochen worden!"

Gerade als wir eintreffen, findet eine Auseinandersetzung in einem Supermarkt direkt gegenüber dem kleinen Hafen statt, in dem die Motorboote anlegen. Der Supermarkt trägt den vielsagenden Namen „Metralhadora"* und ist Eigentum des Stadtverordneten Daniel Martins Nobre. Am Vortag hatten einige Jungen Kisten mit Kerzen und Sardinen gestohlen. Sie wollten sich durch den Weiterverkauf der Ware etwas dazuverdienen. Wutentbrannt hatte der Stadtrat den Supermarkt in einen Privatkarzer verwandelt und zu verstehen gegeben, daß er die Jungen erst wieder freigeben werde, wenn er die gestohlene Ware oder aber das Geld zurückbekommen habe. Die Eltern suchten verzweifelt nach ihren Kindern.

Aus diesen und anderen Gründen ist Beiradão für Janaína der Vorhof zur Hölle. Sie träumt davon zu heiraten, und weit weg, wenn möglich in Macapá* zu leben.

„Die Menschen hier taugen nichts. Sie streiten und trinken für ihr Leben gerne."

Als ich in den Geschichten und Legenden stöbere, die sich hier zugetragen haben, finde ich Angaben über eine hochinteressante Persönlichkeit. Es handelt sich um den ehemaligen Besitzer der ganzen Ländereien in dieser Region, der Boden inbegriffen, auf welchem heute das „Projekt Jari" durchgeführt wird. Es handelt sich um den ehemaligen Oberst der Nationalguarde, Ex-Senator und ehemaliger Abgeordneter, den Cearenser José Júlio de

Andrade, der 1952 auf der portugiesischen Insel Madeira an einem Herzinfarkt starb. In der Alten Republik wäre er beinahe mit der Unterstützung des damaligen Präsidenten Washington Luís als Präsidentschaftskandidat aufgestellt worden. Er war polyglott. Nach Aussagen von Historikern sprach er zwölf Sprachen und las die griechischen und lateinischen Klassiker im Original. Er hatte sich auf seinen zahlreichen Reisen nach Europa ein weltmännisches Auftreten zugelegt. Nach Berichten von Personen, die ihn überlebt haben und heute noch in dieser Region leben, muß sich hinter dieser Fassade ein Tyrann versteckt haben, von dem behauptet wird, er habe auf seinen Gummipflanzungen gewaltsam die Sklaverei durchgesetzt. Diese Gewaltanwendung führte unter anderem zu einer beachtlichen Vergrößerung seiner Ländereien, die irgendwann dreitausend Hektar umfaßten, ein Weltrekord unter den Großgrundbesitzern.

Seine sexuellen Gewohnheiten indessen waren nicht europäisch. Er lebte damals in Arumanduba, dem Sitz seiner Farm, wo er es sich in einem Harem mit bis zu zwölf Frauen gut gehen ließ. Viele dieser Frauen leben heute noch. Der Geschichtsschreiber Vinícius Lima fand heraus, daß Andrade seine Frauen auf recht originelle Weise zu sich lud:

„Heute wird Fátima die Hängematte schaukeln," pflegte er den Frauen zu verkünden. Alle wußten, was „die Hängematte schaukeln" in Wahrheit bedeutete.

Fälle von Mädchen, die von Vorarbeitern vergewaltigt wurden, waren an der Tagesordnung. Bis es eines Tages zu einem Aufstand kam, dessen Anlaß die Tochter eines Farmarbeiters war. Das Ganze wurde unter dem Namen „Die Rebellion des Cesário" bekannt. José Cesário de Medeiros, geboren in Rio Grande do Norte, so erzählt der Geschichtsschreiber Vinícius Lima, hatte zwei Töchter, die beide von Hilfsarbeitern des Oberst José Lima vergewaltigt worden waren. Cesário versammelte

JANAIMA
PATRICIA PEREIRA

Janaíma diente uns als Führerin bei unserem Weg über die labyrinthartigen Hängebrücken von Jari, in Amapá. Sie lebt nicht bei ihren Eltern und weiß nicht einmal, wo diese sich aufhalten. Sie kennt die wichtigsten Verstecke der minderjährigen Prostituierten, ihre Gewohnheiten, Ängste und Traumata. Sie selbst hat an ihren Traumata zu tragen. Ihre kindliche Unschuld hat sie sich bewahrt, obwohl sie eines der Opfer der Erwachsenenwelt geworden ist, gezwungen zum Sex, um zu überleben. Sie ist davon überzeugt, daß der Boto nicht nur Mädchen schwängern kann, sondern darüberhinaus auch übernatürliche Kräfte besitzt.

daraufhin ein paar Männer um sich, um sich am 5. Juli 1928 an den Vergewaltigern zu rächen. Der erste Teil seines Planes bestand darin, das Schiff in seine Gewalt zu bringen, auf dem sich die Männer befanden, die seine beiden Töchter angegriffen hatten. Sobald das Schiff unter Cesários Kommando stand, ernannte dieser sich selbst zum Kapitän, was ihm das Recht gab, gesetzmäßige Eheschließungen auf dem Schiff abzuhalten. Er nahm seine Töchter mit an Bord und befestigte ein Bild von Unserer Lieben Frau auf dem Bug. Die beiden Vergewaltiger wurden gefesselt und Cesário hielt eine kurze Eheschließung ab. Er erklärte:

„Meine Töchter sind nun verheiratet."

In der Folge nahm man eilig das Bild der Heiligen ab und führte die beiden Bräute weg. Die „Ehemänner" wurden erschossen.

„Meine Töchter sind nun Witwen," bestätigte Cesário, erleichtert und in feierlichem Ton.

Legenden oder nicht, Gewalttätigkeiten, Aufdeckung von Sklavenarbeit und Vergewaltigungen sind Tatbestände, deren stummer Zeuge der Rio Jari auch weiterhin bleiben wird.

Janaíma biegt um eine Ecke und überquert eine Hängebrücke, die zum Fluß führt. Dort ist die fünfzehnjährige Luciene Cavalcanti dos Santos gerade dabei, Kleider zu waschen. Sie ist ein weiteres Opfer auf der Route Maranhão – Laranjal do Jari.

Luciene hat ihre Mutter nie gekannt. Ihr Vater, Samuel Cavalcanti dos Santos, wurde in Altamira, im Staat von Pará, von der Polizei umgebracht. Er hatte in einer Bar den Kopf seines Widersachers mit einem Messer abgetrennt, nachdem es zwischen den beiden Männern zum Streit gekommen war. Die kleine, verschüchterte Luciene mußte alles mitansehen.

„Der Kopf hing nur noch an einem Stückchen Haut," erinnert sie sich.

Von Altamira aus ging sie in den Staat Maranhão, und dort verschlug es sie nach Beiradão, wohin sie mit dem Versprechen auf eine Arbeit als Stubenmädchen gelockt worden war. Bei ihrer Ankunft wurde sie davon in Kenntnis gesetzt, daß sie in der Bar Guajará arbeiten werde, bei „Bucho de Bode"*, wie der Barbesitzer aus dem Maranhão, Raimundo Nonato Castro Costa genannt wird. Wenn sie wolle, könne sie ja zurückgehen. Aber sie müsse die Überfahrt bezahlen. Sie blieb, denn sie hatte weder Geld noch wußte sie einen besseren Ort, wo sie hätte hingehen können.

Nach einer gewissen Zeit wechselte sie die Bar entsprechend einer Gepflogenheit, die in der Fußballwelt gebräuchlich ist: der „Ablösung." Ein anderer Barbesitzer hatte ihre Ablösung bezahlt und sie hatte einen neuen Herren bekommen, der ihre Schuld übernahm.

„Ich habe mich schließlich daran gewöhnt," findet sich Luciene resigniert ab, als wir sie befragen, während sie die Wäsche wäscht.

Es gibt Abwandlungen dieses „Ablösegesetzes", die den Opfern sogar zugute kommen können. Luísa Ribeiro Soares, die auch auf die Route des Mädchenhandels im Maranhão geriet, ließ sich täuschen und kam in die Nachtbar Nova Brasília. Eine Frau namens Clarissa hatte ihr vor fünf Jahren versprochen, daß sie als Köchin im Goldgräbercamp arbeiten könne. Damals war Luísa vierzehn Jahre alt.

Während sie spricht, wippt sie auf einem rustikalen Stuhl hin und her. Mir fällt eine Wunde auf, die sich quer durch ihr Gesicht zieht. Ich kann nicht widerstehen und frage, wie diese Wunde entstanden ist.

„Streit mit einer anderen Frau," bemerkt sie, ohne irgendwelche Zeichen emotionaler Regung zu zeigen.

Ich lerne noch eine Lektion: bei den Auseinandersetzungen zwischen Prostituierten ist der Gebrauch des Messers an der Tagesordnung, schließlich ist das Gesicht

LUCIENE CAVALCANTI

Luciene bekam das Angebot, als Stubenmädchen zu arbeiten und endete, wie so viele der getäuschten Mädchen, in einem Bordell, ohne die Möglichkeit, wieder dort herauszukommen. Selbst wenn sie könnte, so gibt sie zu, wüßte sie gar nicht, wo sie hingehen sollte. Sie hat keine Verwandten, die sich um sie kümmern könnten. Ihre Mutter starb, als ihr Vater in Altamira, im Staat von Pará, eine Rauferei anfing. Luciene mußte mitansehen, wie der Vater den Hals seines Widersachers durchtrennte. In der darauffolgenden Woche wurde der Vater von der Polizei umgebracht. Über die Prostitution sagt sie:

„Ich habe mich daran gewöhnt."

der erste Anziehungspunkt einer käuflichen Frau. Es zu verunstalten ist der Versuch, die Schönheit und damit eine in diesem Milieu entscheidende Einnahmequelle zu vernichten.

„Das war vielleicht ein Terror da in dieser Bar. Die ließen dich nicht früh schlafen gehen. Wenn du abends ausgehen wolltest, mußtest du dafür bezahlen, womit du noch mehr Schulden gemacht hast. Ich habe vier Monate lang nur geheult."

Aber dann bekam sie Unterstützung von einem Freund, der sie bei sich zuhause haben wollte. Er half ihr, die Schuld zu begleichen und zahlte ihre „Ablösung", eine Art Freibrief, der den Sklaven im vergangenen Jahrhundert ausgestellt wurde. Die Macht, die Freiheit verkaufen zu können, macht die Zuhälter zu wichtigen Figuren in diesem Milieu. Ich habe so manche von ihnen gesehen, wie sie mit gewichtigem Gehabe über die Holzbrücken schritten, hochangesehen und gefürchtet.

„Bucho de Bode" ist ein Star unter den Besitzern dieser Etablissements. Guajará ist die größte und beste Nachtbar von Malvinas, in der es immer eine Fluktuation von Mädchen gibt, die aus dem Inneren des Staates Pará und aus dem Nordosten kommen, vor allem aus dem Staat Maranhão. Sie liegt genau gegenüber einer anderen Bar, die den prätentiösen Namen „São Francisco de Assis"* trägt. Dieser Heilige ist in Brasilien nicht nur aufgrund seiner angeblichen Wunder weithin bekannt. Jeder kennt seinen Leitspruch: „Nur wer gibt, dem sei gegeben."

Wir befinden uns auf einer engen Holzbrücke, die an der Nachtbar Guajará vorbeiführt. Von dort aus kann man in die Zimmer der Mädchen sehen, von denen einige nur in Handtücher gehüllt sind. Ich unterhalte mich mit Bucho de Bode, der sich umgänglich gibt. Eine Frage reicht jedoch aus, um den Ausdruck auf seinem Gesicht zu verändern. Ich spreche von seiner Verhaftung 1991.

„Darüber will ich nicht sprechen. Vergangenheit ist Vergangenheit. Was da passiert ist, kann jedem Händler in seinem Leben mal passieren."

Um zu zeigen, daß er wirklich nicht „darüber" sprechen will, hebt Raimundo Nonato Costa die Stimme, runzelt die Stirn und verzieht den Mund. Er ist nur mit schwarzen Shorts bekleidet und stellt seinen voluminösen Wanst zur Schau. Ich sehe mich schon mit einem blauen Auge, wie er mich die Brücke hinunterstößt. Dazu kommt es jedoch nicht.

Bei diesem „darüber", über das er nicht sprechen will, geht es um den Handel und die Versklavung von Mädchen in seiner Bar, die ihm angelastet werden. Er mußte auf der Polizei aussagen. Um im einzelnen schildern zu können, was sich tatsächlich ereignet hat, sammeln wir die Aussagen von drei Mädchen, die in die Angelegenheit verwickelt waren. Eines von ihnen, sechzehn Jahre alt, hat sich selbst als Verführerin betätigt. Es ging sogar soweit, die eigene Schwester zu täuschen.

In der Nacht des 23. September 1991 verließ die São Bartolomeu, einer dieser typischen Kähne, die auf den Flüssen des Amazonasgebietes anzutreffen sind, den Hafen von Porto do Sal in Belém mit Ziel auf Laranjal do Jari. Drei Tage und zwei Nächte Flußreise standen bevor. Die Passagiere stritten sich um die Hängematten, die zwischen den Pfeilern befestigt waren. Abgesehen von den Passagieren wurden mit dem Boot auch Waren in die Siedlungen an den Flußniederungen transportiert. Auf dieser Reise wurde eine Sonderfracht befördert: eine Ladung Mädchen, die, ohne es zu wissen, für die Prostitution bestimmt waren. Den Passagieren jedoch, die diese Flüsse befuhren, war ihre Bestimmung keineswegs unbekannt.

Zu dieser Menschenfracht von zwölf Mädchen gehörte auch Ana Meire Lima da Silva, fünfzehn Jahre alt, sowie Miriam Ferreira dos Santos, vierzehn Jahre alt, die überzeugt waren, sie würden bald in einem Restaurant oder einer Imbißbude arbeiten. Zumindest war es das, was ihnen Elaine, die Schwester von Miriam, versprochen hatte. Die Gruppe wurde von Jaqueline angeführt (es war uns nicht möglich, ihren Nachnamen herauszufinden). Ich bekomme nur wenige Angaben über sie: fett, brünett, glatte Haare. Sie wird als lesbisch bezeichnet. Mit ihr reiste ihre Freundin, Marcela genannt.

„Diese Mädchen sind so dämlich. Die haben keine Ahnung von nichts," erzählt Elaine, überzeugt, daß sie nichts Falsches getan hat.

Der Empfang war schrecklich. Am Hafen wurden die Mädchen von Bucho de Bode erwartet. Ana Meire erinnert sich, daß die Männer, während sie über die Holzbrücken lief, Sachen wie „Frischfleisch, Leute!", „knackig", „dich werde ich ganz ablecken", „geile Fotze" und dergleichen grölten. Sie erinnert sich auch daran, daß eine der minderjährigen Prostituierten gerufen hatte: „Da kommen Frauen zum Vernaschen."

Ich erfahre, daß der Empfang Teil eines Rituales ist. Immer wenn neue Mädchen am Hafen eintreffen, gibt es ein Fest, und abends streiten sich die Männer darum, wer zu den ersten gehören darf, wenn es darum geht, das „Frischfleisch" zu vernaschen. Die Fluktuation der Mädchen wird von der Kundschaft sehr geschätzt. In diesem verdorbenen Milieu verschleißen die Mädchen schnell, was einen ständigen „Materialaustausch" nötig macht, wie es ein Zuhälter definiert. Wenn die Kunden der Ware müde sind, ist es Zeit, diese mit Hilfe des „Ablösegesetzes" zu verkaufen. Die Mädchen werden dann von Ort zu Ort, von Goldgräbercamp zu Goldgräbercamp geschickt.

Während dieses unheilvollen Aufmarsches der Neuankömmlinge, der ungefähr einen Kilometer von der Nachtbar Guajará entfernt stattfand, hatte sich ein Mann vor Miriam gestellt, die, angespannt vor Angst, hören mußte: „Ich will sehen, ob du gut im Bett bist." Direkt gegenüber konnte sich der stolze Bucho de Bode damit rühmen, die neue Ware anzupreisen.

Wie gewöhnlich wurden die Mädchen anschließend davon in Kenntnis gesetzt, daß sie nun „Salon zu machen hätten", was soviel wie anschaffen bedeutet. Alle fanden sich damit ab. Nur eine nicht: die dreizehnjährige Ana Carla da Silva Munhoz. Ihre Freundinnen können bezeugen, daß sie in Tränen ausgebrochen ist und geschrien hat:

„Ich werde mit keinem ins Bett gehen. Ich will wieder nach Hause."

Sie können auch bezeugen, daß Bucho do Bode geschrien hat:

„Wenn du nicht *Salon machst*, kriegst du nichts zu essen und wirst auf dein Zimmer gesperrt."

Genau das geschah auch. Sie bekam fast nichts zu essen und wurde in ihr Zimmer gesperrt. Es gelang ihr, auszubrechen und Anzeige auf der Polizeiwache zu erstatten, die sich direkt neben der Kirche befindet. Ein Pater, Paulo Roberto Conceição, formulierte ihre Anzeige entsprechend und trug sie auch in Belém vor. Danach fühlte er sich bedroht und beeilte sich, wieder nach Macapá zurückzukommen. Das Ergebnis seiner Aktion war, daß alle Mädchen ihre Freiheit zurückerlangten. Als sie wieder in Macapá waren, kehrte jede von ihnen in ihre Heimatstadt zurück. Aber nicht alles fand ein so gutes Ende.

Wie es der Zufall will, arbeiteten zu diesem Zeitpunkt zwei Frauen aus Laranjal do Jari an einem Forschungsprojekt, das sich mit den Straßenmädchen beschäftigte und von Pater Bruno Secci geleitet wurde. Ihr besonderes Interesse galt den Kindern aus dem Einzugsgebiet des Amazonas: Vera Lúcia de Lima, vom „Centro de Defesa do Menor"*, und Vanja Maria Gomes Varela, von der „Pastoral da Criança"*. Die beiden Frauen hatten minderjährige Prostituierte befragt. Bucho do Bode hatte in der Arbeit dieser Frauen das Motiv für die Flucht gesehen.

„Diese Frau mache ich fertig," hatte er getobt, und

ELAINE DOS SANTOS

Erst fünfzehn Jahre alt, war Elaine schon so gerissen, Mädchen auf Geschäfte und Restaurants in Beiradão zu verteilen. Sie konnte ihre eigene Schwester dafür gewinnen. Elaine wußte von Anfang an, daß es sich um eine Machenschaft mit dem Ziel handelte, Mädchensklaven für eine Nachtbar zu beschaffen. Sie bereut es nicht, als Verführerin tätig geworden zu sein. Heute lebt sie in Belém: „Diese Mädchen sind so dämlich. Sie haben keine Ahnung von nichts." Diese Dämlichen, unter denen sich auch ihre Schwester befindet, mußten von diesem Ort fliehen. Ein Pater hat ihnen dabei geholfen.

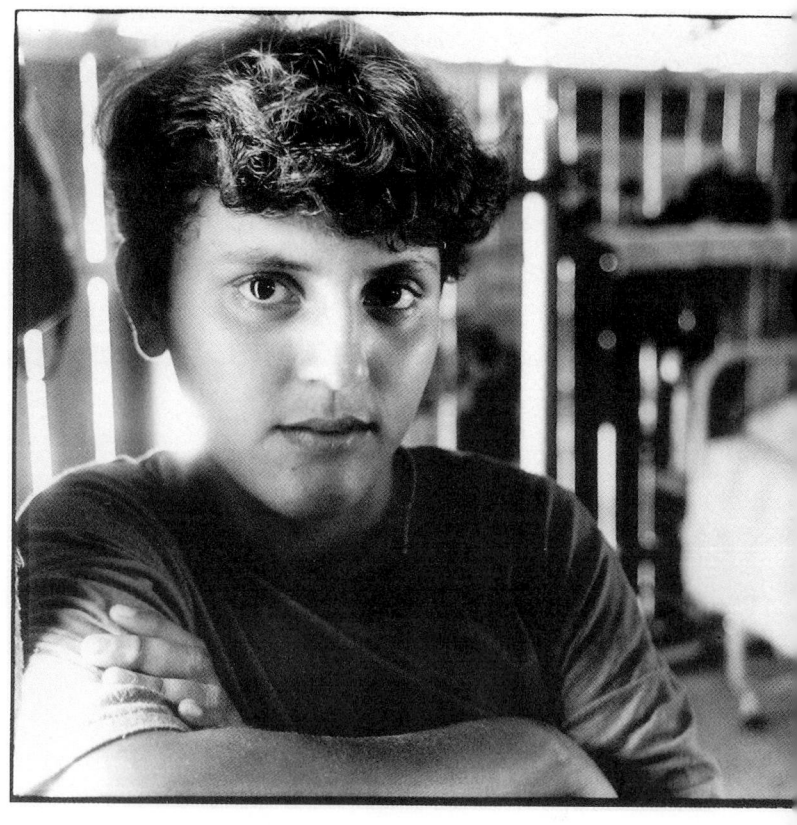

ANA MEIRE DA SILVA

Der Empfang war für sie ein Schock. Ana Meire war auf die Nachtbar Guajará zugegangen, ohne zu wissen, daß sie für die Zwangsprostitution bestimmt war. Wenn sie sich weigerte, mit den Männern zu schlafen, bekam sie nichts zu essen und wurde auf ihr Zimmer gesperrt. Die Männer hatten gegrölt, als die Fuhre mit den Mädchen vorbeigelaufen war. Sie hatten geschrien: „Frischfleisch, Leute", „Dich werd ich ganz ablekken". Eine der Prostituierten, die dem Vorbeimarsch der Neuen beigewohnt hatte, hatte laut gerufen: „Da kommen Frauen zum Vernaschen".

MIRIAM DOS SANTOS

Miriam verstand die Welt nicht mehr. Drei Tage war sie auf dem Fluß gereist auf der Suche nach einer Anstellung, die ihr die Schwester versprochen hatte. Aber am Hafen wurde sie von einem Barbesitzer mit dem Namen Bucho de Bode empfangen. Als sie das erste Mal über die Holzbrükke lief, die den Hafen mit der Bar verband, hielt einer der Männer sie am Arm fest und sagte: „Ich will sehen, ob du gut im Bett bist."

Sie mußte ihren Irrtum einen Monat lang bitter büßen, bis sie sich befreien und die Stadt verlassen konnte. Das Reglement in der Bar war hart: wenn man sich weigerte, Salon zu machen, bekam man nichts zu essen und mußte auch noch Miete für sein Zimmer zahlen. Ungehorsam wurde mit Schlägen bestraft.

CLAUDIA AMARAL

Die dreizehnjährige Claudia hat eine große Leidenschaft: das Tanzen. Sie liebt es auch, neue Menschen kennenzulernen. In der Bar, in der sie arbeitet, kann sie tanzen und ständig neue Menschen kennenlernen. Sie zieht es vor, dort zu bleiben, als ihrer Arbeit als Kindermädchen in Santarém nachzugehen.

sich dabei auf Vanja bezogen, die in der Nähe von Malvinas lebt.

Ohne etwas davon zu ahnen, hatte Vera Lúcia de Lima sich mitten in ein Wespennest gesetzt. Sie verlor ihren Posten als Beisitzerin im Gemeinderat, wo sie für den Stadtrat Zózimo Pontes gearbeitet hatte. Den Grund für ihre Entlassung fand sie nicht heraus. Aber sie entdeckte etwas anderes: Zózimo besaß eine Nachtbar mit dem Namen „Céu Azul", in deren oberen Räumen er Mädchen ausbeutete.

Das Durcheinander in der Bar Guajará hatte nicht dazu geführt, dem Handel mit Mädchen Einhalt zu gebieten. Während unseres Aufenthaltes in der Stadt trifft ein neuer Trupp ein. Diesmal wird das Empfangsritual jedoch ein wenig diskreter gehandhabt. Man fühlt sich trotz allem nicht ganz vogelfrei, um so mehr, wenn die Presse nicht weit ist. Die Zuhälter haben kein schlechtes Gewissen. Sie sehen sich als Händler wie andere auch. Es gibt sogar Barbesitzer, die der Überzeugung sind, eine gute Tat zu tun. Während unseres letzten Abends in Laranjal do Jari lernen wir Rosa Maria Lima, die Besitzerin der Bar Girassol kennen.

„Mein Gewerbe ist eine saubere Sache," meint sie im Laufe unserer Unterhaltung, als wir auf einem Mäuerchen gegenüber ihres Etablissements sitzen. „Ich verschaffe ihnen Arbeit, Essen. Betrügen tue ich keine. Wenn ich sie mitbringe, dann mache ich denen nichts vor. Ich sage gleich: du kommst in eine Bar."

Während sie spricht, fällt mir ein graziles Mädchen im Salon auf, das in hautenge, knappe Kleider gehüllt ist. Unablässig tanzt sie vor sich hin, alleine oder mit den Freundinnen. Rosa Maria setzt ihre philosophischen Gedanken fort und behauptet, sich in einer Lebenskrise zu befinden:

„Ich werde dieses Leben hier aufgeben. Mir bringt das nichts mehr. Ich möchte gerne Zeugin Jehovas werden, aber solange mir die Bar gehört, lassen die mich nicht eintreten. Jeder Tag ist ein Stück Sünde mehr, das über mich kommt."

Das Mädchen, das mit seiner Anmut meine Aufmerksamkeit erregt hat, kommt näher. Es kniet nieder und umschlingt die Knie von Rosa Maria, die neben mir sitzt. Von nahem erweist es sich als noch anmutiger. Weinerlich klagt es:

„Ich will nicht fortgehen, laß mich nicht gehen."

Der Name des Mädchens ist Claudia Amaral, dreizehn Jahre alt, die nach Beiradão in Begleitung eines Ehepaares kam, für das es als Kindermädchen arbeitet. Das Ehepaar will am nächsten Tag wieder die Stadt verlassen. Solange sie in der Stadt ist, arbeitet Claudia tagsüber als Kindermädchen. Nachts geht sie in die Bar, wo sie sich einen ihrer größten Wunschträume erfüllt: tanzen.

„Hier ist es toll, weil ich so viele Leute kennenlerne," sagt Claudia.

Ihr gelingt es, mich davon zu überzeugen, daß sie wirklich nicht fortgehen möchte. Sie ist glücklich mit ihrem Tanzen, den neuen Leuten, die ihr das Gefühl von Freiheit vermitteln. Besser als die anstrengende Arbeit als Kindermädchen. Ich lerne eine weitere Lektion, die mir auf dieser Reise dienlich sein soll: viele der Mädchen sehen in der Prostitution ein Tor zur Freiheit. Sie sind auf der Flucht vor der Unterdrückung im Elternhaus, wo sie nicht selten unter haltlosen Familienverhältnissen und häufig auch unter Gewalttätigkeit zu leiden haben. Manche sind auch auf der Flucht vor langweiligen, schlechtbezahlten Jobs. Ein eigenes Zimmer zu haben und in der Illusion zu leben, mehr Geld zu verdienen, stellt für sie eine unwiderstehliche Verlockung dar.

In Manaus, der nächsten Etappe dieser Reise, sammele ich die Zeugenaussagen von Mädchen, für die die Straße nicht nur die einzige Lösung ist. Für sie bedeutet es eine vertrautere Umgebung als ihr eigenes Zuhause, so unglaublich dies auch klingen mag.

* In den Flüssen des Amazonasgebietes gibt es tatsächlich weiße Delphine, denen v.a. von den Indios aufgrund ihrer ungewöhnlichen Erscheinung und ihren drolligen Verhaltensweisen Zauberkräfte nachgesagt werden (A.d.Ü.).

* zu deutsch: „Maschinengewehr" (A.d.Ü.).

* Hauptstadt von Amapá, an der Grenze des Staates Pará im Nordosten Brasiliens (A.d.Ü.).

* zu deutsch etwa „dickwanstiger Bock" (A.d.Ü.).

* „Franz von Assisi" (A.d.Ü.).

* „Zentrum zum Schutz Minderjähriger" (A.d.Ü.).

* Organ der katholischen Kirche, das sich den Schutz und die Verteidigung der Rechte von Kindern zum Ziel gemacht hat (A.d.Ü.).

Wir schreiben den 19. Januar 1992. Es ist acht Uhr abends. An der Ecke der Rua 24 de Março, im Zentrum von Manaus sitzt uns ein Mädchen auf dem Straßenpflaster gegenüber. Es trägt enge schwarze Shorts und ein avokadogrünes Leibchen, das gerade den Busen bedeckt. Seine Füße sind nackt, und es weint ohne Unterlaß, den Kopf zwischen den angezogenen Knien.

An seiner Seite steht die Beamtin der staatlichen Institution „Movimento de Meninos de Rua"*, Lauriete Nascimento, und versucht, das Mädchen zu trösten. Die fünfzehnjährige Maria Sanchez hat Grund zum weinen. Vor zwei Monaten ist ihre Mutter gestorben. Einen Vater, der sie unterstützen könnte, hat sie nicht.

Aber das ist nicht der einzige Verlust in ihrem Leben. Marias Mutter hatte sich um ihren Sohn gekümmert. Kurz bevor sie an Krebs starb, hatte sie das Kind weggegeben. Keiner weiß an wen. Vielleicht hatte sie geglaubt, der Kleine werde in einer anderen Familie bessere Bedingungen vorfinden.

„Mir ist nichts mehr geblieben. Ich weiß nicht einmal, wo ich anfangen soll, nach meinem Sohn zu suchen," sagt Maria und beginnt wieder, zu weinen, als sie uns offenbart: „Ich habe nicht an einer Puppe gelernt, Babysachen zu wechseln, sondern an meinem Sohn. Nie habe ich eine Puppe gehabt, die ich ankleiden konnte."

Sie kommt wieder zu sich und hat ihr Vergnügen an dem Fototermin mit Paula Simas. Vor der Kamera kann sie für Augenblicke ihre Mutter und ihren Sohn vergessen, die sie verloren hat. Ohne die Tränen ist ihr Gesicht schön; ihre Züge sind zugleich die eines kleinen Mädchens und einer käuflichen Frau. Ich habe den Eindruck, daß für Maria ein Foto mehr bedeutet als nur ein Abbild. Für sie steckt in jedem „Klick" ein Moment der Aufmerksamkeit und Zuwendung.

Sie lebt auf der Straße, seit sie acht Jahre alt ist. Früh hat sie begriffen, daß sie dort nur mit Sex würde Geld machen können. Die Prostitution ist für sie keine unbekannte Welt. Ihre Mutter kam aus Porto Velho, nachdem sie ein Goldwäschercamp verlassen hatte, wo die Frauen als Sexualobjekte mißbraucht werden.

Wie die Straßenmädchen hat auch Maria schon jede Form von Gewalt mit Polizisten und „Kunden" kennengelernt. Aber sie hat gelernt, auf dem Asphalt zu leben als sei es ihr Zuhause. Die Straße ist ihr vertraut. Ihre einzige Schwester Socorro Sanchez, dreizehn Jahre alt, leistet ihr Gesellschaft auf der Straße und in den Motels.

Socorro ist ganz begierig darauf, fotografiert zu werden, aber für die Interviews bringt sie keine Geduld auf. Sie ist ganz offensichtlich gereizt und möchte das Gespräch am liebsten gleich beenden. Trotzdem verrät sie mir etwas wichtiges:

Als ich sie frage, wieviel sie für „das volle Programm" verlangt, bestätigt sie mir ohne zu zögern:

„Ich nehme 10.000 Cruzeiros (9 Dollar), für weniger mache ich es nicht. Ich will mein Geld im voraus. Sie machen dir Probleme, zahlen nicht, wenn sie ihren Abgang gehabt haben. Ohne Kondom nehme ich 15.000. Aber alles lasse ich nicht machen, nein."

Es ist nicht leicht an diesem Abend, die Interviews zu führen und noch schwieriger ist es, Fotos zu schießen. Das Hin und Her zieht die Straßenjungen der Gegend an, von denen jeder dem anderen das Vorrecht streitig macht, im Mittelpunkt der Aufmerksamkeit zu stehen. Nicht einmal Lauriete, die mit ihnen befreundet ist, gelingt es, ein wenig Ordnung in das Ganze zu bringen. Sie gibt sich große Mühe, ihnen Disziplin aufzuerlegen, während Paula versucht, Maria Sanchez zu fotografieren. Doch es hat keinen Sinn und der Fototermin wird auf den nächsten Tag verschoben. Laurieta hat sich mit dem Durcheinander abgefunden. Sie weiß, daß diese ganze Aufregung unter den Kindern ihren Wettstreit um Aufmerksamkeit verdeutlicht, die sie jemandem abringen wollen. Doch

MARIA SANCHEZ

Maria Sanchez lebt auf den Straßen von Manaus seit sie acht Jahre alt ist. Sie kennt alle Kniffe dort, alle Gefahren. Sie hat einen Sohn, den ihre Mutter weggab, bevor sie starb. Maria weiß nicht, wo sie ihn suchen soll. Babysachen zu wechseln hat sie an ihrem Sohn gelernt. „Mir ist nichts geblieben."

dann ist sie es, die sich den ganzen Lärm zunutze macht und ihr Herz ausschüttet. Sie macht keinen Hehl aus ihrer Mutlosigkeit angesichts der Ausmaße der Problematik und den vergleichsweise geringen Hilfsmitteln und Geldern, die ihr zur Verfügung stehen, um der Sache zu begegnen.

Als freiwillige Helferin arbeitet sie unentgeltlich und hilft dabei, Gruppen von Straßenerziehern zusammenzustellen. Sie verbringt den größten Teil ihrer Zeit damit, sich pädagogische Strategien auszudenken, die in dieser zügellosen Unterwelt auf Interesse stoßen könnten. So entdeckte sie zum Beispiel, daß die Kinder es lieben, Schattentheater zu spielen, bei dem mit Hilfe einer Lichtquelle die Bewegungen der Hände auf eine Wand projiziert werden.

Als wir Anstalten machen, aufzubrechen, nähert sich ein Junge, der mich heftig am Hemd zieht. Und so werden wir noch einer Person aus dieser düsteren Schattenwelt vorgestellt, diesmal trägt der Darsteller jedoch menschliche Züge.

„Willst du mich nicht interviewen, Onkel", fragt er, und ich entdecke bald, daß es sich bei ihm um ein Mädchen handelt. Mit ihren zwölf Jahren hat sie schon einen „Kampfnamen", wie es unter den Prostituierten üblich ist: Christiane. Ihr richtiger Name ist Edvalda Pereira da Silva. Wie die meisten Straßenmädchen ist sie schon von Polizisten verprügelt worden. Einer von ihnen, so erzählt sie mir, habe sie in den Bauch getreten, weil sie ihn einen Hurensohn geschimpft habe. Sie weiß, was ein Kondom ist, aber sie benutzt keines.

„Sie sagen, wenn man es nicht benutzt, dann kann man dieses Aids bekommen, aber ich glaube das nicht."

Sie hat schon einige Kniffe des Gewerbes gelernt. Socorro Sanchez hat ihr beigebracht, unbedingt immer vorher abzukassieren. Ihr Preis: siebentausend Cruzeiros für „das volle Programm". Ich stelle ihr eine scheinbar unschuldige Frage:

„So jung wie du bist schläfst du schon mit den Kunden?"

Edvalda lacht. Sie sagt mir, daß ihre Mutter in Itamaracá in einem heruntergekommenen Rotlichtbezirk arbeitet und sich nicht einen Deut um ihren sexuellen Lebenswandel schert.

„Es gibt nur einen Unterschied zwischen mir und den anderen Mädchen hier von der Straße. Weißt du, welchen?" fragt sie.

Ich sage, daß ich keine Ahnung habe. Ihre Antwort überrascht mich. Sie hebt ihr Hemd hoch, das so groß ist, daß sie es als Kleid benutzen kann. Lachend sagt sie:

„Ich habe noch keinen Busen."

Maria, Socorro, Edvalda und viele der anderen Mädchen, die wir auf dieser Reise interviewen sollten, belegen den Verdacht von Experten, über den es noch keine Statistiken gibt: die Altersgrenze der Mädchen, die in die Prostitution geraten, wird immer niedriger. Sie fällt in dem Maße, in dem das Phänomen der Straßenkinder sich immer weiter verbreitet. Sex ist zu einer Einnahmequelle geworden, derer sich sogar Jungen bedienen. Daher auch das Entsetzen der erfahrenen Lurdes Barreto als sie erfuhr, daß auf der rua Gaspar Viana in Belém ein erst neunjähriges Mädchen in einer Nacht mit mehreren Männern geschlafen hatte.

Eine offensichtliche Begleiterscheinung dieser Entwicklung ist die völlige Unkenntnis der Mächen über die Gesundheitsrisiken. Das Gesundheitsministerium hat in Manaus eine Untersuchung durchgeführt, bei der festgestellt wurde, daß 80 Prozent der Frauen ihren eigenen Körper nicht kennen. Sie wissen nicht, wie eine Schwangerschaft entsteht, noch wie sie diese verhindern können. Es wurden Frauen im Alter von 16 bis 40 Jahren befragt. Anhand dieser Daten kann man sich vorstellen, wie unwissend Kinder wie Edvalda sind.

Junge Mädchen, die noch keinen Busen haben und

SOCORRO SANCHEZ

Socorro Sanchez ist es müde, mit den Kunden zu bumsen und kein Geld dafür zu bekommen. Heute kassiert sie im voraus. „Sie machen dir Probleme, zahlen nicht, wenn sie ihren Abgang gehabt haben." Socorro hat eine Preistabelle: „Ich nehme zehntausend Cruzeiros, für weniger mache ich es nicht." Ohne Kondom verlangt sie einen höheren Preis: 15.000 Cruzeiros.

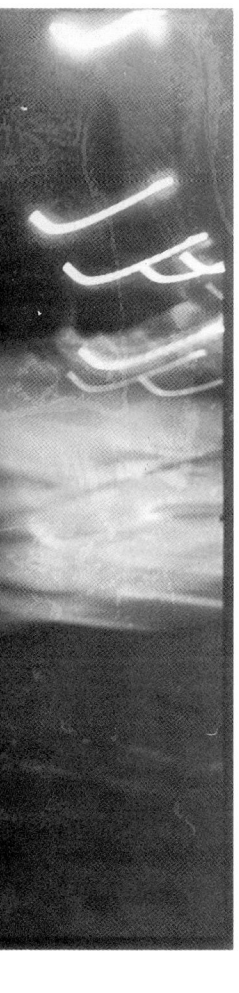

EDVALDA
PEREIRA DA SILVA

Sie ist elf Jahre alt, aber sie kennt schon die Kniffe des Gewerbes. Nie geht sie in ein Motel oder steigt in ein Auto ein, ohne das Geld im voraus zu kassieren, das eine Freundin für sie in Gewahrsam nimmt. Sie kennt ihren Vater nicht. Ihre Mutter arbeitet in einem Rotlichtbezirk und kümmert sich nicht darum, wo und mit wem ihre Tochter schläft. Edvalda findet, daß sie nicht anders ist als die anderen Mädchen, die für Geld mit den Männern schlafen.

Nur mit einem Unterschied: „Ich habe noch keinen Busen."

die Stadt auf der Suche nach Männern durchstreifen, sind ein unübersehbares Zeichen für die Dekadenz einer Stadt wie Manaus, ein Ort, der zu Zeiten des Kautschukbooms als schick galt und als „das Paris der Tropen" bezeichnet wurde. Inmitten des Urwaldes hatte man hier ein Theater mit allen Raffinessen gebaut, das sogar Besucher aus Europa in Erstaunen versetzte. Operngesellschaften kamen über den Amazonas gefahren, um die Bühnen und das Parkett dieses Theaters mit Menschen zu füllen, die englische Kleider trugen.

Es waren die Zeiten, in denen französische Prostituierte in den Häfen eintrafen und ihre bunten, fröhlichen Kleider zur Schau trugen. Die feinen Herren vergaßen darüber ihre Indias in den kurzen Röcken, die ihnen tagsüber den Haushalt führten und nachts ihre Geliebten waren.

Auf den Straßen, die wir in dieser Nacht durchlaufen, können wir an den Mädchen keinerlei Spuren eines französischen Einflusses oder gar Schöngeistes feststellen. Die meisten von ihnen sind die Töchter von Prostituierten, die ihrerseits wiederum Huren als Mütter hatten. In der „Zona Franca", einer Freihandelszone, werden nicht nur elektrische und elektronische Geräte hergestellt. Das Gebiet hat sich auch in einen Hauptumschlagplatz für die käufliche Liebe verwandelt.

Die Krise hat sich erbarmungslos der Freihandelszone von Manaus bemächtigt, die von den Militärs als ein Industriepol geschaffen worden war mit dem Ziel, entscheidend zur Entwicklung des Amazonasgebietes beizutragen. Sie zog Tausende von Arbeitskräften aus dem Inneren und Nordosten Brasiliens an, aber die Arbeitslosigkeit warf die Menschenmassen und insbesondere die Kinder auf die Straße.

Die minderjährigen Prostituierten streifen durch die Straßen, ohne Unterstützung zu erfahren. Das Fehlen von Institutionen, die sich auf die Unterstützung von Straßenmädchen und Prostituierte spezialisiert haben, ist spürbar. Die Kinderprostitution wird in einen Topf geworfen mit der gewöhnlichen Prostitution, etwas, das ich bereits während der Anfangsphase meiner Untersuchung im Juli 1991 feststellen konnte. Eine Ausnahme stellt das Viertel von São José in den Randbezirken von Manaus dar. Es handelt sich um das „Haus von Mutter Margarida", wo berufsfördernde Kurse und solche in Sexualerziehung abgehalten werden.

Wir sprechen mit Schwester Justina Zanato, die für diese Institution verantwortlich ist. Ihr Ziel ist es, den Mädchen Möglichkeiten an die Hand zu geben, mit denen diese den von der Gesellschaft vorgezeichneten Lebensweg, beinahe so etwas wie ein Familienvermächtnis, umgehen können. Zum Beispiel kämpft sie dafür, daß die Schwestern Andressa, zehn Jahre, und Adriana, neun Jahre, nicht den gleichen Weg beschreiten wie ihre Mutter Maria Sousa de Lima das Graças.

Im September 1990 hatte die Mutter dieser beiden Mädchen Justina aufgesucht, um ihr mitzuteilen, daß sie in einem Goldgräbercamp in der Nähe der Stadt Presidente Figueiredo im Amazonosgebiet arbeiten werde.

„Könnten sie sich um meine Töchter kümmern?", hatte die Mutter Justina gebeten.

Wochen später hielt ein Leichenwagen des gerichtsmedizinischen Institutes vor dem Haus, in dem die Mädchen wohnten. Ein Mann klopfte an die Türe. Andressa machte ihm schlaftrunken auf. Er fragte sie, ob sie die Tochter von Maria Lima sei. Sie bejahte und der Mann bat sie, ihn zum Wagen zu begleiten.

Für den Fahrer des Leichenwagens war die nun folgende Szene nichts als bloße Routine, die abgespult wurde. Er zog den Aluminiumsarg hervor und fragte das Mädchen, ob es sich bei der Leiche um ihre Mutter handele. Und so sah Andressa ihre Mutter zum letzten Mal. Weinend und völlig aufgelöst lief sie zu Schwester Justina, deren Haus nur wenige Meter von ihrem Zuhause entfernt war.

Die Geschichte wird mir in allen Einzelheiten von Schwester Justina erzählt. Während des Interviews vermeide ich es, das Gespräch auf dieses Thema zu bringen. Aber eines der beiden Mädchen, Andressa, macht einen Vorstoß und spricht über den Tod der Mutter in einem Goldwäschercamp. Ich sehe das mit gemischten Gefühlen: auf der einen Seite mit den Augen des Reporters, der an Einzelheiten interessiert ist, auf der anderen Seite als Bürger, der davon nichts wissen will und sich am liebsten die Ohren zuhalten würde.

Andressa hat eine kaffeebraune Haut, ganz glatte Haare und schwarze Kulleraugen. Ich habe den Verdacht, daß sie nicht im entferntesten ahnt, wie einsam und verlassen sie nun ist. Sie sitzt neben mir auf einem Mäuerchen. Ihr Kopf reicht mir nicht einmal bis an die Schultern. Mein Gefühl sagt mir, daß sie auf mein Verlangen hin das Märchen von Rotkäppchen und dem bösen Wolf im gleichen Tonfall erzählen würde, wie sie über den Tod der Mutter spricht. Andressa lebt in der Fiktion, die Wirklichkeit hat sie noch nicht eingeholt.

„Weißt du, wie das war? Meine Mutter wollte Pipi machen gehen. Als sie Pipi machte, kam ein Mann und hat ein Messer in sie gestoßen. Da ist sie hingefallen und das Blut lief aus ihr heraus."

Ich versuche, weitere Informationen zu dem Vorfall von Schwester Justina zu bekommen, und sie zeigt mir die Nachrichtenmeldung, die sie in „A Critica" gelesen hat, der verbreitetsten Zeitung im Amazonasgebiet. In Wahrheit handelte es sich um eine Auseinandersetzung zwischen Frauen, die sich um einen Mann gestritten hatten. Der fatale Messerstich hatte den Kampf entschieden.

Die ermordete Mutter ist ein weiterer Akteur in diesem Schattentheater, dessen Kulisse die Spuren des Mädchen- und Frauenhandels sind. Jeder verkauft, was er anzubieten hat. Eine der Konsequenzen dieser Entwicklung ist die schrittweise Auflösung der Familie. Geschiedene Eltern, Väter und Mütter, die abwesend sind, gewalttätige Stiefeltern, all das sind Fakten, von denen ich auf dieser Reise ständig zu hören bekomme.

Diese Kinder werden zu Hause nicht nur mißachtet, sondern sie erfahren auch körperliche Gewalt und sexuelle Mißhandlungen. Andressa weiß mit ihren zehn Jahren von einer solchen Familiensituation zu berichten. Sie war zu Hause, lag in der Hängematte. Ein Onkel legte sich neben sie und zog sie auf sich, begann mit ihr zu spielen. Seine Finger glitten an ihrem Körper herab und das Mädchen wunderte sich. Sie wollte weglaufen, aber er hinderte sie daran, hielt sie am Arm fest. Glücklicherweise hörte ein anderer Verwandter, der sich in der Nähe aufgehalten hatte, die Schreie des Mädchens und verpaßte dem Onkel eine Tracht Prügel.

Eine andere Form von Gewalt, die den Mädchen häufig begegnet, ist der sexuelle Mißbrauch durch Stiefväter. Die vierzehnjährige Francineide Luiza Cavalcanti ist in Boa Vista, der Hauptstadt des Staates Roraima geboren. Sie erzählt uns ihre Geschichte. Als eine Freundin von Socorro, Maria und Edvalda durchstreift sie häufig die Straßen von Manaus. Wenn sie Geld braucht, geht sie mit den Männern ins Bett.

„Ich bin von zu Hause weggegangen wegen meines Stiefvaters. Jedesmal, wenn meine Mutter nicht da war, hat er versucht, mich zu vernaschen. Ich habe mich bei meiner Mutter beschwert, die nichts unternommen hat. Dann bin ich gegangen. Zurück gehe ich nicht mehr. Die Straße ist mir lieber."

Es ist keine leichte Wahl. Auf der Straße wurde sie schon gezwungen, die Perversionen der Freier und die sexuelle Belästigung von Polizeibeamten zu ertragen, die glauben, sie hätten das Recht, mit den Mädchen zu schlafen, ohne dafür zu bezahlen. Das Geld ist das

FRANCINEIDE LUIZA CAVALCANTI

Wie unzählige andere Mädchen, die sich prostituieren, wurde auch Francineide ein Opfer zerstörter Familienstrukturen und Gewalttätigkeit in der Familie. Sie ging von zu Hause weg, weil ihr Stiefvater versucht hatte, sie zu vergewaltigen. „Jedes Mal, wenn meine Mutter das Haus verließ, versuchte er mich zu vernaschen. Ich habe mich bei meiner Mutter beschwert, aber sie hat nichts gemacht. Da bin ich gegangen. Zurück gehe ich nicht mehr. Die Straße ist mir lieber."

Druckmittel. Fast alle Mädchen haben unter dem sexuellen Mißbrauch durch Polizisten zu leiden.

Francineides Geschichte ist ein typisches Beispiel für die Zersetzung der Familienstrukturen. Von den 53 Mädchen und jugendlichen Prostituierten, die im Zuge dieser Untersuchung befragt wurden, kommen nicht weniger als 95 Prozent aus gestörten Familienverhältnissen. Hierzu ein paar Zahlen: 80 Prozent der Mädchen haben keinen Kontakt zu ihrem Vater; die Eltern von 30 Prozent der Befragten sind bereits tot; 35 Prozent geben an, zu Hause Opfer sexueller Angriffe geworden zu sein, und weisen den Schwiegervätern, denen passive Mütter gegenüberstehen, als Hauptverantwortlichen die Schuld zu; 50 Prozent bezeichnen den Alkoholmißbrauch als ein Problem in ihren Familien.

Diese Zahlen sind mit Vorsicht zu genießen. Die Mehrheit der Befragten hat Schwierigkeiten, etwas intimere Details aus ihrem Sexual- und Familienleben preiszugeben. Das brasilianische Zentrum für Kinder und Jugendliche in Rondônia kam jedoch zu ähnlichen Schlußfolgerungen, als es 1991 Fälle häuslichen Terrors registrierte, die in diesem Staat vorgekommen waren. Die Studie erfolgte auf der Grundlage von Anzeigen, die bei der Polizei erstattet worden waren, was Dunkelziffern nicht berücksichtigt, denn die Mehrheit der Opfer geht nicht zur Polizei.

In jedem Fall dient die Studie als Hinweis auf die Verschlechterung der Situation in den Familien, mit den Augen der Mädchen gesehen. Stiefväter stehen an zweiter Stelle, wenn es um versuchten Totschlag geht und an erster Stelle, was die Mißhandlung der Mädchen anbelangt.

Im Zusammenhang mit sexuellen Vergehen, erscheinen sie an erster Stelle unter der Position „sexuelle Inbesitznahme durch Täuschung" und an dritter Stelle unter der Position „versuchte Vergewaltigung", wobei ihnen in dieser

Angelegenheit die Schwager den ersten Rang streitig machen. Was die Verführung der Mädchen anbelangt, erscheinen die leiblichen Väter an vierter, die Stiefväter an fünfter Stelle.

Rondônia ist die nächste Etappe auf unserer Forschungsreise. Mit einem Unterschied zu den vorhergehenden: hier sind wir mehr daran interessiert, eine Information zu überprüfen, die mir im Juli des vergangenen Jahres, zu Beginn dieser Untersuchung, von der CBIA zugetragen wurde: dort hieß es, der Mädchenhandel in dieser Region sei eng verknüpft mit dem Drogenhandel. Der Staat ist als ein Zentrum dieses Handels aufgefallen, und es sind sogar Abgeordnete darin verwickelt.

Mit gespielter Begeisterung verkündet der Ansager: „Und jetzt, meine Herren, die große Show des Abends!"

Auf den engen Zuschauerrängen kehrt Schweigen ein. Aus den Lautsprechern ertönt schallende Sambamusik. Eine Mulattin kommt im Laufschritt hereingerannt und springt auf einen Tisch, der von Männern umstellt ist. Erregt erwarten sie den Anblick völliger Nacktheit.

Das Publikum besteht aus uns und einer kleinen Gruppe betrunkener Männer, die von gelangweilt wirkenden Frauen umringt sind. Was die Kellner betrifft, so scheinen sie den wippenden Brüsten gegenüber gleichgültig. Der Tisch wackelt, droht umzukippen. Einer der Zuschauer hält mit einer Hand den Tisch fest, mit der anderen gleitet er über die schwitzenden Schenkel der Tänzerin.

Als die „große Show des Abends" zuende ist, verläßt das Mädchen im Laufschritt den Raum in Richtung Umkleidezimmer. Wenig Beifall ertönt. Die Männer haben ihre Aufmerksamkeit schon den Prostituierten zugewandt, die um sie herumstehen. Ich kann keine Spuren der „guten alten Zeiten" entdecken, als die Oberschicht von Rondônia die Türen des Kabaretts „Opção" einrannte. Die angeregte Atmosphäre der damaligen Zeit wurde nicht von älteren, unlustigen Frauen belebt. Damals marschierten hier Mädchen aus dem „Süden" auf, ein Begriff, der ganz allgemein auf alle Staaten angewandt wurde, die entwickelter waren. „Mädchen aus dem Süden" bedeutete, größere, rotwangige Mädchen und insbesondere Blondinen, die einen Kontrast zu dem Frauentypus des Amazonas darstellten.

Das Ende dieser „guten alten Zeiten" wurde von einer Frau herbeigeführt – einer Abgeordneten, die Minderjährige aus Uberaba vertrat, einer der größten Städte in Minas Gerais. Das Ganze fand in einer Blitzaktion statt. Sandra Wazir hatte Informationen erhalten, daß Mädchen aus ihrer Stadt nach Porto Velho verschleppt worden seien. Sie nahm daraufhin ein Flugzeug, und drang mit der Unterstützung der „Polícia Federal"° in das Kabarett ein.

Dort fand sie Beweise für diesen Mädchenhandel, der über die Stadt Goiânia abgewickelt wurde, wohin die Mädchen in einer einmotorigen Maschine verfrachtet worden waren. Es wurden jedoch nicht nur Mädchen aus Uberaba angeschleppt, auch Städte wie Uberlândia (Minas Gerais) und Ribeirão Preto (São Paulo) lieferten „Ware" an. Alle diese Mädchen wurden wieder losgekauft und der Besitzer der Bar „Opção", Adalberto Diniz, wurde festgenommen.

„Sie wurden bewacht und hatten keinerlei Bewegungsfreiheit. Man hatte sie getäuscht. Als sie in Porto Velho ankamen, erfuhren sie, daß sie eine Schuld zu begleichen hätten und nicht gehen könnten, solange diese nicht abbezahlt sei," bestätigt die Abgeordnete Sandra Wazir.

Für die Männer der wohlhabendsten Familien in Porto Velho war dies eine große Enttäuschung. Sie beklagten sich darüber, den Kontakt zu diesen Mädchen verloren zu haben, die ihnen für 30 Dollar die Nacht gehört hatten. Dies war jedoch nichts im Vergleich zu dem Ärger, den Adalberto Diniz bekam. Bei der Polizeirazzia wurde entdeckt, daß die Bar „Opção" nichts als eine Kulisse war, hinter deren Vorhängen mit Drogen gehandelt wurde.

In Rondônia schienen diese Dinge das Natürlichste von der Welt zu sein. Auf den dortigen Polizeibehörden hegt man den Verdacht, daß ein großer Anteil der Wirtschaft dieses Staates aus dem Handel mit Drogen bestritten wird, die eingeführt und wieder außer Landes gebracht werden. Aus diesen Gründen haben viele der mächtigen Banden Einfluß auf die Politik und bekämpfen sich untereinander.

Bis in die siebziger Jahre hinein war Porto Velho ein friedfertiges, verlorenes Nest inmitten des amazonischen Urwaldes gewesen. Bekannt war es vor allem als eine der Stationen auf der Eisenbahnlinie, die Brasilien mit Bolivien verband. Aufgrund eines Vertrages zwischen diesen beiden Ländern war die Eisenbahnlinie Madeira-Mamoré von den Engländern mit Arbeitskräften von den Barbadosinseln gebaut worden. Dieser Vertrag wurde besiegelt, als man den Staat Acre dem brasilianischen Territorium zusprach.

In den Niederungen um den Fluß, der Porto Velho durchfließt, ist die erste Lokomotive „Maria Fumaça" ausgestellt. In der Umgebung dieser Gleise leben Schwarze von der Insel Barbados, die noch heute den Gepflogenheiten ihrer Heimat eng verbunden sind.

Das Profil dieses Staates veränderte sich unter dem Einfluß der Militärregierungen, die Amazonien bevölkern wollten. In den Streitkräften herrschte allzeit das krampfhafte Bestreben vor, dieser Region einen internationalen Anstrich zu verleihen. Mit den entsprechenden Finanzspritzen entwickelte sich Rondônia zu einer neuen landwirtschaftlichen Zone und zog Siedler aus Rio Grande do Sul und insbesondere aus Paraná an. Zu diesem bunten Völkergemisch gesellten sich schließlich die Goldwäscher, und später die Drogenhändler, deren Geschäfte aufgrund der Nähe zu Bolivien florierten.

Langsam entwickelte sich der Staat zu einer Drehscheibe für den Import von Mädchen. Doch mit der Zeit wurde man von staatlicher Seite der engen Verknüpfung zwischen Kinderprostitution und Drogenhandel gewahr. Viele der Mädchen wurden mit „Mela", einer Art Crack, das auf Kokainbasis hergestellt wird, süchtig gemacht.

Der Verantwortliche für die Abteilung Kinder- und Jugendkriminalität von der Militärpolizei von Rondônia, Luiz Cláudio Azambuja, offenbart uns:

„Die Mädchen werden als Zubringer benutzt. Die Erwachsenen lassen sie die Drogen ausliefern, um selbst der Verfolgung zu entgehen."

Die Droge ist ein Mittel zur Versklavung der Mädchen und wird von den Zuhältern verwaltet. Sie garantiert die Abhängigkeit der Opfer. Um die Sucht aufrechtzuerhalten, werden diese als Zubringer und Prostituierte eingesetzt. Die Mädchen versuchen auf diese Weise, ihre untilgbare Schuld abzuzahlen. In den Goldwäschercamps ist dieser Mechanismus noch gefestigter und stärker gefeit gegen mögliche Angriffe von Seiten der Polizei, denn es sind diese Gebiete, auf die sich die Kinderprostitution konzentriert.

„Es ist ein ungleiches Verhältnis. Sie sind besser bewaffnet als wir und haben mehr Männer und Pistoleiros. Bei einer Razzia in einem Goldwäschercamp bestehen beste Chancen, nicht mehr lebend zurückzukommen," meint Azambuja.

Während unseres Besuches in Rondônia verbreiten die Zeitungen Meldungen über eine Operation, die in Pará durchgeführt wurde, und deren besondere Umstände einen Einblick in die Welt der Goldwäscher gewährt, zu der man in den meisten Fällen keinen Zutritt bekommt. Es waren zweihundert Mann der Militärpolizei erforderlich, um in die Region von Castelo dos Santos in Altamira einzudringen. Dort ist man hinter Márcio Rambo her, dem Besitzer der dortigen Claims, welcher der unterschiedlichsten Greueltaten angeklagt ist, angefangen mit Mädchenhandel über Sklavenarbeit bis hin zu der kaltblütigen Ermordung von Goldwäschern, die es gewagt hatten, seine Claims zu betreten.

Ein Detail erregte jedoch die besondere Aufmerksamkeit der Bewohner von Rondônia. Márcio Rambo war angeklagt, in die Ermordung des Senators Olavo Pires verwickelt zu sein, der 1990 als Gouverneur kandidiert hatte. Auf Seiten der Polizei hegt man den Verdacht, daß hinter der politischen Auseinandersetzung der Kampf um die Kontrolle des Drogenhandels in diesem Staat steht. Mittlerweile ist es sehr schwierig, Rambo seine Verwicklungen in den Fall nachzuweisen. Er ist bei dieser Operation nicht mit dem Leben davongekommen, sondern starb mit einer Maschinenpistole in der Hand.

Gespräche mit Polizisten und Beamten des CBIA offenbaren, daß diese Spur des Mädchen- und Drogenhandels durch den Staat von Acre führt. Es gibt so viele Prostituierte, die aus diesem Staat kommen, daß die Bezeichnung

„Acreanerin" in Rondônia einen negativen Beigeschmack hat. Am 23. Januar treffen wir in Rio Branco, der Hauptstadt von Acre ein. In wenigen Stunden haben wir nach eifrigem Durchstöbern der Zeitungen herausgefunden, daß der Handel mit Mädchen hier als die größte Selbstverständlichkeit angesehen wird. Die Archive sind voll mit den Fällen von Mädchen, die mit Lastkraftfahrern nach Porto Velho gekommen waren. Auf der Titelseite einer dieser Zeitungen ist ein Foto von Kindern abgebildet, die als Anhalter an einer Straße nach Rondônia stehen. Es gibt eine derartige Fülle von Berichten dieser Art, daß die Mütter dieser Region in der ständigen Angst leben, ihre Töchter könnten verschwinden. Nach einer Information, die wir in einem Vorstadtviertel erhalten, ist es uns möglich, eine dieser Mütter zu treffen, die, so heißt es, um Sekunden die Verschleppung ihrer Tochter nach Porto Velho verhindern konnte.

Wir unternehmen wahre Canossagänge von Polizeiwache zu Polizeiwache auf der Suche nach Informationen, die uns den Aufenthaltsort der Mutter offenbaren, denn sie hatte bei der Polizei Anzeige erstattet. Nachdem wir mehrere Kilometer auf einer Straße voller Schlaglöcher gefahren sind, treffen wir schließlich Maria Luiza, die zwölfjährige Tochter. Es ist ein schweigsames Mädchen, das auf dem Weg zum Haus ihrer Mutter ernst bleibt.

Unser Weg dorthin ist noch um einiges mühsamer als die Wegstrecken, die wir in Laranjal do Jari überwinden mußten. Die Holzstege hier sind noch schmaler und in einigen Abschnitten fehlen ganze Bretter. Durch die Lücken schaut man auf lehmiges Wasser. Maria Luiza ist dieser Weg vertraut. Sie gibt ihr beharrliches Schweigen nur in dem Augenblick auf, als ich ausrutsche, ins Wasser falle und laut nach meinem verlorengegangenen Reisetagebuch rufe, in dem sich meine gesamten Aufzeichnungen befinden. Bei mir bricht Panik aus. Unverzüglich steige ich wieder ins Wasser und grabe nach meinem verlorenen Schatz.

Ohne ihn werde ich niemals in der Lage sein, Namen, Zahlen und Interviews getreu wiederzugeben.

Während ich schreie: „Mein Notizbuch ist verschwunden!", lächelt Maria Luiza und hat ihren Spaß. Und in der Tat, es ist eine erheiternde Szene: ein erwachsener Mann, dessen Brillengläser lehmverschmiert sind und der bis zu den Knien im Wasser steht, durchgräbt verzweifelt den Schlamm. Glücklicherweise ist das Notizbuch an einem Stück Holz hängengeblieben, was Schlimmstes verhindert hat.

Etwas ruhiger nehme ich es an mich mit der Heftigkeit eines Menschen, der seinen Losgewinn aus dem Müll fischt. Mir fallen meine schrecklichen Portugiesischstunden auf der Schule wieder ein, in denen ich gezwungen wurde, eine grammatikalische Analyse der „Os Lusiadas" von Camões anzufertigen, die reinste Folter. Meine Wut war damals noch gestiegen, als die Lehrerin uns sagte, Camões habe mit den Originalaufzeichnungen eine Seereise unternommen und Schiffbruch erlitten. Aber er habe sich retten können und die Blätter mit einer Hand hochgehalten, während er mit der anderen gerudert habe. Als Jugendlicher auf dem Gymnasium konnte ich mich mit diesem Schicksal Camões nicht abfinden, wären mir doch um ein Haar seine komplizierten Sätze erspart geblieben. Heute und mit dem nötigen Abstand, habe ich vollstes Verständnis für diesen portugiesischen Autor. Dies verdanke ich der Erfahrung, lehmverschmiert in einem Randbezirk von Rio Branco verzweifelt nach meinen Aufzeichnungen gegraben zu haben, bis ich sie wiederfand.

Während der restlichen Wegstrecke lenke ich meine ganze Aufmerksamkeit auf die Holzlatten und meine Füße. Das Komischste an der ganzen Sache war, daß ich Maria Luiza wenige Minuten vor meinem Sturz noch gefragt hatte, ob auf dieser Strecke schon einmal jemand gestürzt sei, und sie hatte mit „Nein" geantwortet. Ihre Mutter Raimunda empfängt uns gutgelaunt. Möglicherweise heitern meine lehmverschmirten Kleider sie auf.

Als die Mutter Raimunda (am Fenster) nach Hause kam und ihre Tochter verschwunden war, dachte sie gleich daran, daß Maira Luiza ein weiteres Opfer des Mädchenhandels geworden sein könnte, der in Rio Branco an der Tagesordnung ist. Von hier aus werden die Mädchen nach Porto Velho gebracht. Die Mutter ging auf eine Polizeiwache. Ihre Tochter hätte sie beinahe nicht wiedergesehen. Die Polizisten fanden das Mädchen, als dieses gerade im Begriff war, den Fluß zu überqueren. Es war der zwölfjährigen Maria Luiza nicht in den Sinn gekommen, was hätte passieren können: „Ich wollte doch nur spazierenfahren, sonst nichts."

Wir setzen uns ins Wohnzimmer, das gleichzeitig auch als Schlafraum dient. Maria Luiza lauscht dem Gespräch mit dem ihr eigenen Schweigen. Raimunda erzählt uns, daß sie irgendwann im Dezember 1991 nach Hause gekommen sei und ihre Tochter nicht habe finden können. Sie machte sich auf die Suche, doch vergeblich. Schließlich bat sie die Nachbarn um Hilfe. Eine Nachbarin sagte ihr, sie habe die Unterhaltung eines Mannes mitbekommen, in welcher dieser davon gesprochen habe, das Mädchen nach Porto Velho zu bringen.

Raimunda rannte daraufhin zur nächsten Polizeiwache, erstattete Anzeige, und kurze Zeit später machte sich ein Trupp Polizisten zum Fluß auf.

„Sie wollte gerade den Fluß überqueren," erinnert sich die Mutter.

Ich will die Version von Maria Luiza hören, die kurz und bündig sagt: „Ich wollte nur spazierenfahren. Sonst nichts."

Die Geschichte des Mädchenhandels ist auch eine Geschichte der Unerfahrenheit. In Acre stoßen wir auf diejenigen, denen aufgrund ihrer Unwissenheit am übelsten mitgespielt wird: Indias, die in ihrem Stamm nie brutalen Sex, Vergewaltigungen, Geschlechtskrankheiten und vor allem keine Prostitution kannten. Dies alles sind Krankheiten des weißen Mannes.

---

* eine der staatlichen Polizei übergeordnete Polizei, die auf bundesstaatlicher Ebene agiert, in etwa dem FBI entsprechend (A.d.Ü.).

RIO BRANCO

Mißtrauisch begutachteten die Indias die grünen Augen des Arztes Marcos Pellegrini und bekamen es mit der Angst zu tun. Sie glaubten, es handele sich um ein Gespenst, schließlich hatten sie noch nie ein menschliches Wesen mit einer solchen Augenfarbe gesehen. Nach und nach gewöhnten sie sich an Pellegrini, der in São Paulo auf der „Escola Paulista de Medicina" seine Ausbildung gemacht hatte und als erster Weiße 1986 mit einem Stamm der Ianomami in der Region von Moxafe, im Staat von Roraima, in Kontakt getreten war. Um dorthin zu gelangen, hatte er eine siebentägige Reise auf sich genommen, während der er drei Tage lang zu Fuß den Urwald durchqueren mußte.

Er lebte mehrere Monate bei den Stammesangehörigen und lernte ihre Gewohnheiten kennen, die zu diesem Zeitpunkt noch nicht von der „Zivilisation" beeinflußt waren. Ihre Gemeinschaft war von Harmonie geprägt. Epidemien oder Mangel an Nahrungsmitteln waren ihnen damals unbekannt. Von der Jagd, dem Fischfang und der Landwirtschaft fiel genug für alle ab. Doch nach dem grünäugigen Arzt kamen tausende von Weißen mit ihren Drogen, Revolvern und dem Quecksilber. Es war die Invasion der Goldwäscher auf der Suche nach dem wertvollen Metall.

1991 suchte Marcos, der inzwischen als Arzt bei der „Fundação Nacional de Saúde"[*] und dem „Conselho Indigenista Missionário – Cimi"[*] arbeitete, den Stamm erneut auf. Was er nun sah und hörte, gefiel ihm gar nicht. Seine grünen Augen und blonden Haare riefen bei den Indias keine Verwunderung mehr hervor. Stattdessen hatten einige von ihnen andere Interessen entwickelt: sie boten sich ihm an im Tausch gegen Gefälligkeiten. Die Gesundheit der Stammesangehörigen hatte sich verschlechtert. Der Arzt konnte feststellen, daß sich eine Reihe von Krankheiten bei den Indios eingeschlichen hatte, darunter der Tripper.

Bei seinem Wiedersehen mit dem Stamm stellte ihm eine ältere India eine Frage, die auf den ersten Blick seltsam erscheinen mag:

„Gibt es keine weißen Frauen?"

Später verstand er dann. Diese Frauen hatten nur weiße Männer kennengelernt. Es waren Soldaten oder Goldwäscher, die in ihr Gebiet eingedrungen und die Krankheiten eingeführt hatten. Sie waren ohne ihre Frauen gekommen und nutzten die Indias aus. Sex, etwas bisher völlig Natürliches unter den Stammesangehörigen, wurde zu einer Ware, die Tauschwert besaß. Auf diese Weise gelangte die Prostitution in diesen Stamm. Bezahlt wurden sie mit Schnaps, Arznei- und Nahrungsmitteln und Kleidung. Die Indios waren unter anderem auf die Nahrungsmittel angewiesen, weil sie keinen landwirtschaftlichen Anbau mehr betrieben.

Am Morgen des 25. Februar, einem Samstag, berichtet uns Marcos an einem Bartresen in Rio Branco von seinen Erfahrungen, während er immer wieder von seinem eiskalten Bier trinkt. Wir werden von zwei Indios begleitet, unseren Führern Tunumã (José Correa da Silva), einer der Koordinatoren der „União das Nações Indígenas – UNI"*, vom Volk der Jaminauá, und Marinês Apurinã, vom Volk der Apurinã.

Zur Zeit leistet Marcos in den Indianervölkern, die in den Gebieten des oberen Purus im Staat von Acre leben, medizinische Unterstützung. Auch dort stellte er den sexuellen Mißbrauch von Indiomädchen und Indiofrauen fest, insbesondere durch die „fliegenden Händler", die mit ihren Booten den Fluß befahren und ihre Ware feilbieten. Immer führen sie Schnaps im Gepäck, mit dem sie den Sex bezahlen. Marinês wurde Zeugin eines solchen Tauschhandels. Sie ist Beamtin der staatlichen Gesundheitsbehörde „Fundação Nacional de Saúde – FUNASA". Im letzten Jahr war sie mit einer Gruppe von Verkäufern in die Region um Boca do Acre im oberen

Purus aufgebrochen. Dort traten sie mit dem Stamm der Jamamadi in Kontakt, bei denen sie die Nacht verbringen sollten. Der Chef des Händlertrupps hieß Antônio Valcir. Er hatte beschlossen, mit dem Häuptling zu verhandeln.

„Er machte den Häuptling betrunken. Dann sagte er, daß er ihm noch eine Flasche geben würde, wenn er mit zwei Mädchen aus dem Stamm schlafen könne. Der Häuptling war einverstanden."

Von der Bar aus, in der wir den Ausführungen von Marcos gefolgt sind, führt uns José Correa an einen Ort, an dem wir den lebenden Beweis derartiger Tauschgeschäfte kennenlernen sollen. Correa dient uns als Dolmetscher bei unserem Gespräch mit dem ehemaligen Häuptling Raiaou, der im Indioreservat von São Lourenço lebt, in der Gemeinde von Assis Brasil. Er verbrachte gerade ein paar Tage in Rio Branco und will in Kürze zu seinem Stamm zurückkehren.

In der Sprache der Jaminauá gesteht uns Raiaou, dem Schnaps verfallen zu sein, den die fliegenden Händler eingeführt haben. Einmal hatte einer dieser Schwarzhändler ihn gebeten, für zwölf Flaschen Schnaps mit seiner Tochter schlafen zu dürfen. Das Geschäft wurde beschlossen. Erst als sie mit dem ehemaligen Häuptling um seine Frau feilschen wollten, stießen sie auf Widerstand.

„Da habe ich gesagt, respektier mich gefälligst, du Hurensohn," erzählt Raiaou, und vollführt mit dem Arm noch einmal die Geste, die seine Antwort untermauert hatte. Den Ausdruck „Hurensohn" sagt er nicht in der Sprache der Jaminauá, sondern auf portugiesisch.

An diesem Morgen in Rio Branco unterhalten wir uns mit Antônio Apurinã, dem wichtigsten Führer der UNI.

„Die Prostitution unter den Eingeborenen hat alarmierende Ausmaße angenommen," sagt er und erinnert daran, daß er immer wieder über die Indiobehörde FUNAI versucht habe, das Eindringen der Schwarzhändler in die Stämme zu verhindern.

Apurinã zufolge wiederholt sich folgende Geschichte Tag für Tag: eine India kommt in die Stadt. Sie hat nichts gelernt und gerät in die Fänge der Prostitution, wenn es ihr nicht gelingt, eine Arbeit als Hausangestellte zu bekommen. Nicht selten geben diese Mädchen sich dem Alkohol hin.

„Sie stehen den Weißen schutzlos gegenüber. Sie wissen weder was Geschlechtskrankheiten sind noch wie man das Kinderkriegen vermeidet", klagt er.

Während unserer Überfahrt nach Rio Branco entdecken wir, daß viele Familien vom Stamm der Jaminauá durch die Stadt streifen. Ein Team von Fernsehreportern hatte sich ihnen genähert, um die Betroffenen zu interviewen. Sie waren erstaunt, als sich ihnen die Mädchen dieser Familien im Tausch gegen ein wenig Essen oder Geld beharrlich anboten.

In allen Großstädten, durch die unsere Reise geht, stoßen wir immer wieder auf Informationen über die Prostitution der Indias, von denen viele in die Mühlen des Mädchenhandels geraten. In Manaus sprechen wir mit dem Koordinator der CIMI, Michael Feeney, der von den Indios Sebastião Manchineri und Orlandino Melqueiro begleitet wird.

Seiner Ansicht nach sind es nicht nur die fliegenden Händler, die für den Angriff auf diese Mädchen und Frauen verantwortlich sind, sondern auch die Soldaten in den Kasernen im Amazonasgebiet.

„Wir alle wußten, daß die Soldaten die Indias an die Kandare nehmen," sagt Melqueiro. „An die Kandare nehmen" bedeutet, zum Geschlechtsverkehr zwingen. Melqueiro hat seinen Militärdienst geleistet und mußte sich dort Sachen anhören wie: „Du mußt lernen, ein Mensch zu werden."

Die gleiche Information erhalte ich von dem Arzt und Antroposophen Antônio Maria de Souza, Forscher am Museum „Emílio Goeldi" in Belém. Er hat einen guten

Teil seines Lebens damit verbracht, die Indiostämme im Amazonasgebiet aufzusuchen, insbesondere die in São Gabriel da Cachoeira, am oberen Rio Negro, an der Eisenbahnstrecke Perimetral Norte. Dort hat die Armee eine Kaserne errichtet.

„Wir entdeckten immer erst bei der Niederkunft der Mädchen, daß sie Tripper oder andere Geschlechtskrankheiten hatten," erzählt Antônio Maria, der sich bei seiner Arbeit auf die Ethnomedizin spezialisiert hat.

Er hatte von mehr als zehn Fällen erfahren, in denen Indias von Soldaten zum Geschlechtsverkehr gezwungen worden waren. Seine Beobachtungen, die er in São Gabriel da Cachoeira machen konnte, sind in dem Buch „Kariwa Retewa Kariwa Nungara" zu lesen, was soviel heißt wie „Guter Weißer Schlechter Weißer":

„Bis vor kurzem war es an der Tagesordnung, daß eine Gruppe von Männer, im allgemeinen Rekruten auf Urlaub, sich eine meist blutjunge India schnappten, sie an einen abgelegenen Ort schleppten und dort „an die Kandare nahmen", sie also zum Geschlechtsverkehr zwangen. Diese Vorkommnisse wiederholten sich unzählige Male, obwohl die Gewalttäter manchmal belangt wurden. In der Stadt erzählte man sich, daß diese Frauen „so etwas mochten."

In seinem Buch fügt der Antropologe ein Dokument bei, das von einem Indio vom Stamm der Tucano, Gabriel Gentil, geschrieben wurde und das Zeugnis von einer solchen Vergewaltigung ablegt:

„Ich habe mit meinen eigenen Augen gesehen, wie elf weiße Rekruten der Armee ein achtzehnjähriges Mädchen mit dem Namen Larita packten. Ich habe gesehen, wie sie über das Mädchen hergefallen sind und es gefickt haben. Sie haben sich den ganzen Abend und die Nacht am Körper des Mächens befriedigt, von 20 Uhr bis drei Uhr morgens."

Der Kommandant des fünften Grenzbataillons von

São Gabriel da Cachoeira, einer Sondereinheit, Oberst Francisco Abrão, schätzt diese Art von Anschuldigungen seiner Soldaten überhaupt nicht.

„Und was ist mit den Indioweibern, die über meine Soldaten herfallen, wenn sie die Hitze haben?! Ich muß dann meine Leute festhalten, weil sie sich dieser Gefallsucht nicht bedienen können."

In Wahrheit versteckt sich hinter diesen dummen Anschuldigungen des Oberst die Verachtung für die Eingeborenen, die mit Tieren während der Brunftzeit verglichen werden. Antropologen behaupten, daß selbst die Indios schon dieses Minderwertigkeitsgefühl verinnerlicht haben. Oftmals fühlen sich die Indiomädchen und Indiofrauen als etwas besseres, wenn sie im Bett des weißen Mannes geduldet werden. Die besondere physische Erscheinung des Indios ist mittlerweile in Frage gestellt und wird sogar mit Verachtung gestraft.

Pater Carlos Zacquini, der unter den Völkern der Ianomami lebt, hatte sich nicht schlecht gewundert, als sich ihm eines Tages zwei Indias mit folgendem Angebot genähert hatten:

„Wollen Sie nicht mit uns schlafen, Herr," hatte ihn eine der beiden entrüstet gefragt. Zacquini wollte wissen, was hinter diesem plötzlichen Interesse stand. Sie antworteten ihm:

„Es ist, weil wir noch nie mit einem behaarten Mann geschlafen haben."

Bei der Untersuchung der Kinderprostitution und der Verfolgung ihrer Spuren wird man Zeuge der unterschiedlichsten Formen des Selbsthasses. Mein nächstes Reiseziel würde Cuiabá sein, die Hauptstadt des Staates Mato Grosso. Von dort aus beabsichtigte ich, Abstecher in die Regionen zu unternehmen, in denen der Mädchenhandel in Versklavung übergeht.

In Cuiabá sollte ich auf die typischen Mädchen stoßen, die Verachtung erfahren und sich selbst verachten. Für sie ist dieser Mangel an Selbstachtung eine weitere Erklärung dafür, daß sie erst gar keinen Versuch unternehmen bzw. keine Kraft aufbringen, Alternativen zur Prostitution zu finden. Dies macht es etwas leichter, zu verstehen, warum diese Wesen sich derartigen Demütigungen aussetzen. Viele von ihnen geben in verschlüsselter Sprache zum Ausdruck, daß sie kein besseres Leben verdient haben, obwohl sie von einer Familie, von Kindern, einem Zuhause und von Arbeit träumen.

* Gesundheitsbehörde

* Indianermissionsrat, der 1972 gegründeten CNBB (Conferência Nacional dos Bispos Brasileiros – Konferenz brasilianischer Bischöfe) untergeordnet, und als katholische Menschenrechtsorganisation wortführend in Brasilien (A.d.Ü.).

* „Union der eingeborenen Nationen" – eine indigene Selbstorganisation, die 1979 von indianischen Studenten zur Unterstützung der Rechte der Indianer gegründet wurde und eine gesamtstaatliche Ausrichtung hat (A.d.Ü.).

Die Männer, die die Nachtbar Beija-Flor in Cachimbo im Süden von Pará, ganz nah an der Grenze zum Staat Mato Grosso, frequentieren, schätzten es ungemein, auf die Mädchen Wetten abzuschließen. Rosinete Miranda Pereira, die damals noch dreizehn Jahre alt war, hat viele Male die „Tittiwette" gewonnen, wie die Goldwäscher es zu nennen pflegen.

Das Spiel ist ganz einfach. Sobald neue Mädchen in der Nachtbar eintrafen, wurde gewettet, welches von ihnen die straffsten Brüste hat. Kaum lag das Wettgeld auf dem Tisch, mußten die Mädchen die Blusen hochziehen und ihre Brüste wurden daraufhin einer eingehenden Begutachtung durch die Spieler unterzogen. Das war jedoch nicht alles. Rosinete erinnert sich an Spielvarianten, die wesentlich unangenehmer waren als einfach die Bluse hochzuziehen.

„Sie wetteten darauf, wer von ihnen am längsten mit uns bumsen könnte, ohne abzusetzen."

Der Gewalt müde, floh Rosinete aus der Bar Beija-Flor, ohne ihre Schuld abzuzahlen und ließ fünf Freundinnen zurück. Ein Lastkraftfahrer nahm sie per Anhalter mit. Sie bezahlte ihn auf die übliche Art und kam so nach Cuiabá, der Hauptstadt von Mato Grosso. wo wir sie an einem Sonntagnachmittag des 26. Januar trafen, wenige Stunden nach unserer Ankunft in Rio Branco.

Das Szenario rings um unsere Unterhaltung ist der Praça do Porto, ein heruntergekommener Rotlichtbezirk, wo die Schiffe, die den Rio Cuiabá von Bolivien über Corumbá befahren, vor Anker gehen, eine der Routen des Drogenhandels. Um uns herum Schwarzhändler, Betrunkene, keifende Prediger mit Mikrophonen, spärlich bekleidete Kinderprostituierte. Dichter Rauch verbreitet den Geruch von gebratenem Fleisch, das auf tragbaren Grills zubereitet wird.

„Die Goldwäscher sind ziemlich hart. Macht die Frau die Beine nicht breit, wird sie abgestochen. Wenn sie einen Mann reizt, lebt sie gefährlich. Sie begraben sie dann an Ort und Stelle, und keiner erfährt was."

Rosinete ist scheu, begegnet meinem Interesse mit Mißtrauen. Sie hat die Meldung nicht vergessen, die in einer renommierten Zeitung von Mato Grosso veröffentlicht worden war, und in der zu lesen stand, die Mädchen vom Praça do Porto seien mit Aids infiziert. Diese Nachricht hatte schwerwiegende Folgen: Freier drohten den Mädchen, sie umzubringen, sollten sie sich bei ihnen mit Aids infizieren. Aufgebracht über diese Zeitungsnotiz beschloß Rosinete dann, einen Aidstest machen zu lassen, dessen Ergebnis sie in einer Tasche mit sich führt und im Zweifelsfall den Kunden unter die Nase hält.

Die Informationen fließen nur, weil wir von unserer Führerin, der Nonne Dineva Vanuzzi, vom „Zentrum zum Schutz Minderjähriger" begleitet werden. Auch Dineva gehört zu den Menschen, die, würden sie nicht bereits existieren, nur von Filmemachern oder Schriftstellern erfunden werden könnten. Als ehemalige Professorin der Pädagogischen Hochschule von Mato Grosso widmet sie sich der Erziehung von Straßenkindern und kämpft gegen behördliche Willkür.

Gutmütig und offenherzig weiß sie uns immer von dem einen oder anderen Fall zu berichten. Ihr Lebensinhalt ist die Verteidigung der Rechte dieser Kinder, denen sie an den entlegensten und selbst an gefährlichen Orten zu Hilfe kommt. 1991 hatte sie sich als Privatdetektivin betätigt und eine Untersuchung in die Wege geleitet, an der sich die erfahrensten und renommiertesten Polizeibeamten und Reporter ein Beispiel nehmen könnten.

Der Jugendliche Mauro Martins Solano wurde am 22. September 1991 von der Polizei verhaftet. Er starb noch in der folgenden Nacht. Einem medizinischen Gutachten zufolge war er „Opfer eines Erstickungstodes durch Atemnot infolge mechanischer Einwirkung" geworden. Auf gut deutsch: er war erstickt worden.

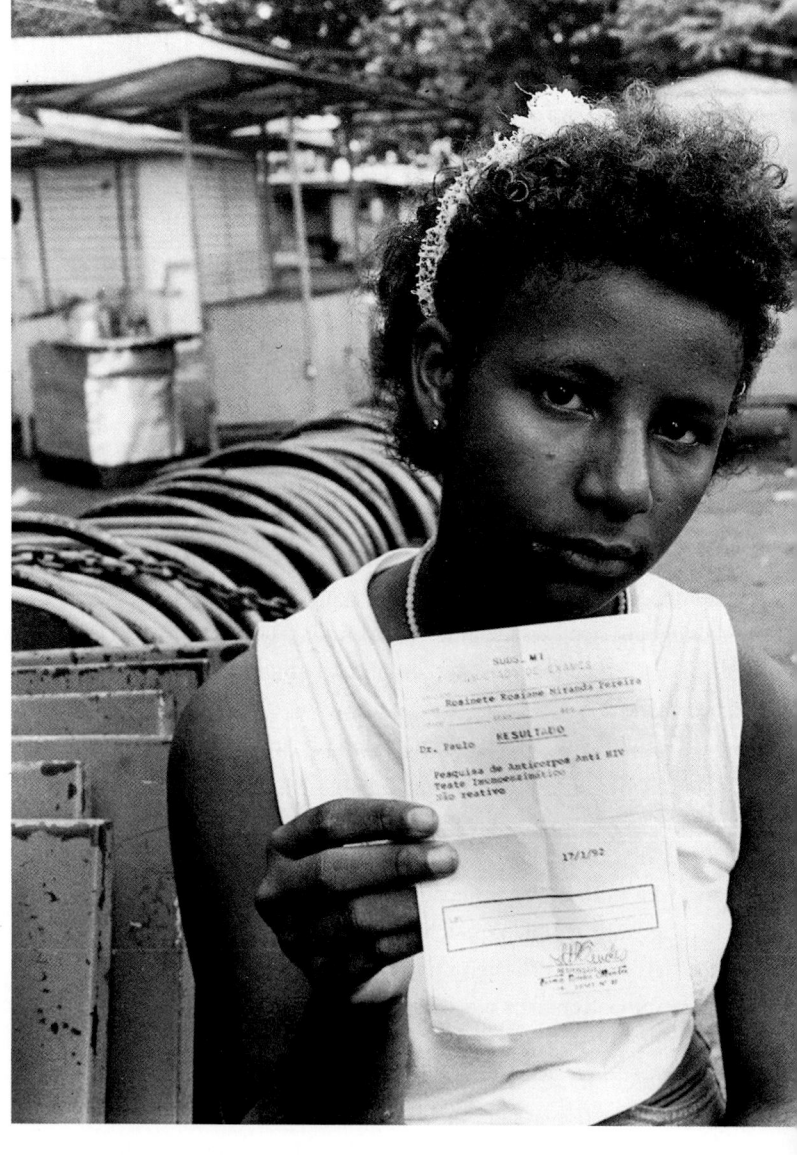

ROSINETE
MIRANDA PEREIRA

In der Nachtbar, in der Rosine-
te gearbeitet hatte, schätzten die
Goldwäscher es sehr, auf dieje-
nigen Mädchen Wetten abzu-
schließen, die angeblich die
straffsten Brüste hatten. Es
handelte sich dabei um die so-
genannte „Tittiwette". Man
stritt sich außerdem darum, wer
es am längsten mit einem der
Mädchen treiben könne, ohne
abzusetzen. Rosinete hielt es
nicht mehr aus und floh. Die
Gewalt hatte für sie unerträg-
liche Ausmaße angenommen. Sie
ist verärgert über die Anschul-
digung, die Mädchen auf der
Praça do Porto seien mit Aids
infiziert. Jetzt geht sie nur noch
mit einem ärztlichen Attest in
der Tasche anschaffen.

Schwester Dineva hatte daraufhin parallel zu den offiziellen Untersuchungen Nachforschungen unternommen, die das ganze polizeiliche System des Staates in Frage stellten. In der Presse klagte sie den Staatssicherheitsbeamten Oscar Travassos an, während seiner Amtszeit von 1983 bis 1987 ein Tötungskommando aus Polizisten geschaffen zu haben. Dieses Kommando war unter dem Namen „Blautücher" bekannt, da es seine Opfer nach deren Erschießung mit blauen Tüchern zu bedecken pflegte.

Inmitten der Aufregung, die der Tod von Mauro verursachte, erhielt Dineva eine Information von Straßenkindern, die behaupteten, die Polizei würde an einem besonderen Ort, „Kannibale" genannt, Kinder foltern. Allerdings wußten die Überlebenden nicht, wie man an diesen Ort gelangt, da sie mit verbundenen Augen dorthin gebracht worden waren. Dineva befragte die Kinder immer und immer wieder, wie lange sie sich an diesem Ort befunden hatten, ob sie sich an Straßenkurven auf dem Weg dorthin erinnern konnten, ob die Straße voller Schlaglöcher gewesen sei, ob sie den Geruch von Blumen oder Früchten wahrgenommen hätten und ob die Straße abschüssig gewesen sei oder ob sie bergan gefahren seien.

Aufgrund ihrer Beharrlichkeit gelang es Dineva schließlich, den „Kannibale" ausfindig zu machen, einen Ort, der am Ufer eines Flusses gelegen war. Hier pflegten Polizeibeamte eines Kommissariats aus der Vorstadt von Santa Isabel Kinder und Jugendliche zu foltern. Dineva tauschte sich mit Institutionen im Ausland aus, woraufhin sich Amnesty International des Falles annahm. Dutzende von Telegrammen aus allen Teilen der Welt landeten nun auf dem Tisch des Gouverneurs Jaime Campos. Man verlangte ein Eingreifen von staatlicher Seite. So unter Druck gesetzt, machte die Polizei die Verantwortlichen ausfindig und beschloß ihre Verhaftung.

Während der laufenden Untersuchungen kamen skandalöse Tatsachen über den Fall Mauro zu Tage. Man entdeckte, daß der Junge acht Stunden lang im „Kannibale" gefoltert worden war. Der Sadismus der Folterknechte hatte derartig grausame Formen angenommen, daß sie seine Freundin, Nailde Rodrigues de Almeida, dazu gezwungen hatten, den Torturen beizuwohnen. Da sie festgehalten wurde, blieb ihr nichts übrig als zu schreien.

Für einige der Kinder, die der detektivisch begabten Schwester bei ihrer Enttarnung behilflich gewesen waren, ist der Praça do Porto Haupttreffpunkt. Es handelt sich um die Freunde oder Partner der Mädchen, die Dineva zusammengetrommelt hat, um uns mit Informationen zu versorgen. Vor unserer Bank aus Stein defiliert eine ganze Reihe von Zeugen, die alle Züge des Selbsthasses tragen. Dies ist leicht zu verstehen: ihr Leben lang wurden sie zurückgewiesen und mit einem Stigma versehen, schon in ihren Familien. Der Alkoholismus und vor allem die Drogen, deren Gebrauch in diesem Milieu so stark verbreitet ist, verschärfen diese Situation nur noch.

So ist einer der ersten Sätze, die wir von der sechzehnjährigen Cleuza Santos de Jesus, die von allen „Neguinha" genannt wird, zu hören bekommen:

„Ich war einmal wer, jetzt bin ich ein Niemand."

Ihr Stiefvater hatte getrunken, viel getrunken. Wenn er betrunken war, wurde er gewalttätig. Er versuchte dann, es mit seiner Adoptivtochter zu treiben. Cleuza verließ ihr Zuhause und erfuhr eine ganze Kette von Erniedrigungen. Sie verdingte sich in zahlreichen Goldwäschercamps und wurde zur Sklavin. Man lockte sie mit falschen Versprechungen. Ihr gelang es nie mehr, die Prostitution aufzugeben. Sie wurde schwanger, gab das Kind weg und weiß heute nicht, wo es sich aufhält.

„Ich weiß nur, daß es unter viel besseren Bedingungen bei den anderen lebt, als wenn es bei mir geblieben wäre."

Danach nähert sich uns Cacilda Duarte, sechzehn Jahre

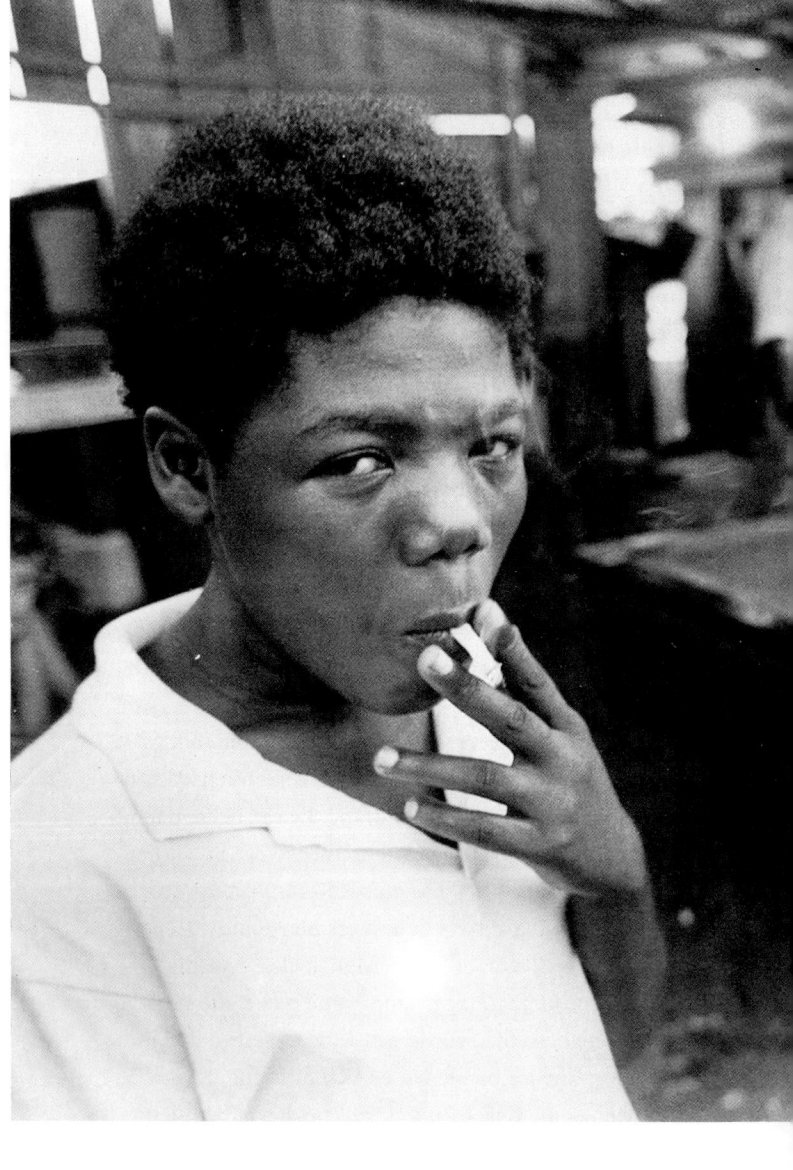

CLEUZA
SANTOS DE JESUS

Sie hat ein Kind, aber sie gab es weg. Sie weiß nicht, wo es heute lebt. „Ich weiß nur, daß es ihm viel besser bei den anderen geht, als wenn es bei mir geblieben wäre." Cleuza verließ ihr Zuhause, weil der Stiefvater sie nicht nur schlug, wenn er getrunken hatte, sondern auch noch ihren Körper wollte. Durch falsche Versprechungen angelockt, prostituierte sie sich in Goldgräbercamps. „Ich war mal wer, heute bin ich ein Niemand."

alt. Auch sie ist ein Beispiel für die Verachtung der eigenen Person. Wie die meisten der Mädchen hat sie vor, ihr Leben zu ändern und die Straße zu verlassen, auf der die Gesetze der Macht unerbittlich und pervers sind.

„Ich würde gerne ein Kind haben, aber ich kann ihm nichts bieten. Ich weiß nicht mal, ob ich eines Tages eins haben werde. Ich glaube nicht."

Ein kurzes, knappes Kleid stellt eine ganze Reihe von Tätowierungen bloß. Eine davon, die sich auf dem rechten Schenkel befindet, läßt aufgrund der noch sichtbaren Linien erahnen, daß die dargestellte Figur nicht mehr zu entfernen ist. Cacilda erzählt, daß sie versucht habe, zu arbeiten, aber daß es ihr nie gelungen sei, für einen längeren Zeitraum eine Stelle zu halten. Ich frage sie nach dem Grund, und sie antwortet mir im Brustton der Überzeugung:

„Ich glaube, es ist wegen meiner Tätowierungen. Das Schlimmste ist, daß ich sie nicht mehr weg kriege. Wenn ich sie nicht hätte, würde alles, glaube ich, besser laufen."

In Wahrheit sind die Tätowierungen nur eine Ausflucht, eine willkommene Erklärung für ihr gesellschaftliches Außenseitertum. Damit öffnet mir Cacilda noch eine weitere Tür der Erkenntnis, durch die ich auf meiner Reise gehe. Es ist die Schwierigkeit der Mädchen, dauerhafte Beziehungen einzugehen. Alles ist provisorisch: die Freunde, die Freundinnen, der Ort, an dem sie leben, die Freier, die Polizisten, von denen sie auf der Straße schikaniert werden, wo sie ihre Freiheit gegen Sex eintauschen. Es ist das Gefühl, niemals dauerhaft angenommen zu werden.

Die Liebesbeziehung zwischen Cacilda und Paulo César Rodrigues, in den sie nach eigenen Worten verliebt ist, gestaltet sich schwierig. Paulo, der wegen Handels mit Rauschgift verhaftet worden ist, weiß nicht, wie und wann er wieder aus dem Gefängnis kommen wird. Ich erfahre, daß ein Teil der Einkünfte, die Cacilda auf der Straße verdient, an den Geliebten im Gefängnis weitergeleitet wird, womit sich eine Beziehung wiederholt, wie sie zwischen Prostituierten und Zuhältern üblich ist.

Unter Anleitung der Psychologin Katia Marques stellten Studenten von der Pädagogischen Fakultät der Bundesuniversität von Mato Grosso Untersuchungen mit den Mädchen von der Praça do Porto an. Dabei stießen sie auf die familiären Muster, nach denen die Beziehungen in dieser Unterwelt entstehen, sowie auf die Schwierigkeiten, die die Mädchen damit haben, dauerhafte Liebesbeziehungen einzugehen. Ein typisches Beispiel hierfür ist die Geschichte von Cacilda. Die Spielregeln heißen ausnutzen oder ausgenutzt werden, andere benutzen oder selbst benutzt werden.

Dora, eine vierzehnjährige, wurde in Manaus geboren und endete über die Irrwege des Mädchenhandels in den Goldwäschercamps von Mato Grosso. Sie floh von dort und ließ sich auf der Praça do Porto nieder. Eine ihrer Aussagen verdeutlicht den kalten Pragmatismus dieses Tauschgeschäftes:

„Mit mir läuft das so: auf die Hand das Geld und das Höschen fällt."

Die Verhaltensforscher konnten Dora eine Geschichte entlocken, die der von Cacilda gleicht:

„Einmal habe ich mein Kind verloren, weil ich mit einem Japaner befreundet war. Ich wußte nicht, daß er ein Händler war. Die Polizei kam in das Goldwäschercamp und verprügelte die Leute dort, mich auch, als ich im sechsten Monat schwanger war. Mir ging es ziemlich schlecht danach, und ich kam fast eine Woche ins Gefängnis, bin bald verreckt. Dann bin ich weg da und am Schluß landete ich in Cuiabá. Hier kann ich aber auch nicht bleiben, ich muß bald wieder von hier verschwinden, weil ich Angst habe, daß die Polizei mich schnappt."

Die Forscherinnen von der pädagogischen Fakultät

Sie möchte ihr Leben ändern,
eine Familie haben. Mehr noch
als einen Ehemann wünscht sie
sich ein Kind. „Aber ich kann
ihm nichts bieten. Ich weiß nicht
mal, ob ich eines Tages eins haben werde. Ich glaube nicht."

Sie ist auf der Suche nach
Arbeit, aber sie kann sich diesem
Leben nicht anpassen. Aus ihrer
Sicht liegt der Grund für diese
Unfähigkeit in den Tätowierun-
gen, die sich über ihren ganzen
Körper verteilen.

drangen in eine noch undurchsichtigere Zone dieser Unterwelt ein, in der menschliche Beziehungen unmöglich sind: sie erforschten die psychischen Schäden, die das Gefühl des Zurückgewiesenwerdens verursacht. Zum ersten Mal komme ich mit diesem Thema im Januar 1990 in Berührung, als ich das Land auf der Suche nach Material für mein Buch „A Guerra Dos Meninos" (S.P., Brasiliense, 1990) bereise, das über die Ermordung von Kindern berichtet. In Gesprächen mit Erziehern und mit der Psychologin eines Übergangsheimes in Recife, Ana Vasconcelos, erfuhr ich, wie häufig diese Kinder sich das Leben nehmen, indem sie sich die Pulsadern aufschneiden oder Überdosen von Arzneimitteln einnehmen.

Es handelt sich hier jedoch nicht um ernsthafte Selbsttötungsabsichten. Meist begehen diese Kinder Selbstmord in Gegenwart oder in der Nähe dritter, damit sie gerettet werden können. „Sie bitten so um Hilfe und Aufmerksamkeit," erklärt mir Ana Vasconcelos. Übrigens ist in jenem Übergangsheim ein überaus bezeichnender Satz gefallen. Er zeigt, wie tief die Wunden sind, die den Kindern durch die Prostitution zugefügt werden. Nachdem eines der Mädchen von seinen zahlreichen seelischen Verletzungen und Enttäuschungen erzählt hatte, die stets von Gewalttätigkeiten begleitet waren, hatte es gefragt: „Kann man noch mal geboren werden?"

Die Selbstverstümmelung ist hier zu einem Mittel geworden, Aufmerksamkeit zu erregen. Auf unserer Reise sollte ich wieder erfahren, auf welche Weise die Selbstbestrafung als letzter Ausweg angesehen wird. Die Schüler der Psychologin Katia Marques hatten den gleichen Eindruck, was in ihrem Bericht wie folgt zum Ausdruck kommt:

„Wenn eines der Mädchen einen Jungen mag, wird dieser zu ihrem Gigolo, und es teilt mit ihm alles, was es verdient. Sie haben jedoch nicht gelernt, mit Enttäuschungen umzugehen, zum Beispiel, wenn sie jemanden lieben und zurückgewiesen werden. Aus diesem Grund gehen sie bis zur Selbstgeißelung und werden durch und durch masochistisch."

Die seelische Verkümmerung dieser Mädchen bewirkt, daß sie sich an den Hals des erstbesten werfen. Auf unserer Reise muß ich wiederholt feststellen, wie verbreitet das Phänomen der Selbstbestrafung in diesem Milieu ist.

Ein eingefleischter Kenner dieser Machenschaften und Machtmuster ist der Straßenerzieher Carlos Alberto Caetano, der mir von Schwester Dineva am Morgen des Tages nach unserer Ankunft in Cuiabá vorgestellt wird. Noch einmal kehren wir zu dem dekadenten Schauplatz der Praça do Porto zurück. Vor zwei Jahren, als Carlos zum ersten Mal mit jener Szene und ihren Gestalten in Berührung kam, nahm er schnell die Angst wahr, die die Mädchen vor einem möglichen Scheitern ihrer Beziehungen zu anderen haben.

„Gleich zu Beginn meiner Arbeit mit den Mädchen merkte ich, daß die älteren unter ihnen die jüngeren über die Gefahren des Verliebtseins aufzuklären pflegten. Sie erzählten dann immer die Geschichte eines Mädchens von hier, das mit einem Jungen eine Liebschaft eingegangen war und sehr starke Gefühle für ihn hegte. Eines Tages hatte er genug von ihr, weil er eine jüngere und schönere Geliebte gefunden hatte. In ihrer Verzweiflung hatte sie sich unter einen fahrenden Karren geworfen."

„Carlão", wie Carlos hier genannt wird, wollte daraufhin wissen, warum die älteren Frauen den jüngeren immer derartige Geschichten erzählen. Eine von ihnen gab ihm zur Antwort: „Damit sie lernen, niemanden zu lieben." Er erfuhr, daß diese Ängste eine Art Komplizenschaft zwischen den Mädchen entstehen ließen: sie teilten ihre Eroberungen und Verluste. Ihr ganzes Verhalten signalisierte, wie gefährlich ihnen Hoffnungen und Illusionen erschienen.

„Sie gehen mit den Jungen hier Beziehungen ein. Wenn

sie den Verdacht haben, sie könnten Gefühle investieren, und da reicht der bloße Verdacht, dann zwingen sie sich dazu, das Verhältnis zu beenden. Es ist ganz normal, daß sie ihre Geliebten mit den anderen Mädchen tauschen und so ein intensiver Partnerwechsel stattfindet."

Angesichts dieser Verhaltensweisen kann man ermessen, wie schwierig es für Carlão ist, das Vertrauen der Mädchen zu gewinnen. Er hat die Mauern des Mißtrauens durchbrechen können, mußte sich jedoch den unterschiedlichsten und ungewöhnlichsten Prüfungen unterziehen.

„Sie machten mich wieder und wieder an und bettelten darum, mit mir bumsen zu dürfen. Oft zogen sie sich einfach vor mir aus. Wenn ich mich dann weigerte, schimpften sie mich einen Schwulen. Aber ich argumentierte damit, daß ich nur aus einem anderen Gefühl heraus mit ihnen schlafen könne, und daß ich sie nicht ausnutzen wolle. Ich mußte sie regelrecht davon überzeugen - und das war nicht einfach – daß ich nicht hier sei, um es mit ihnen zu treiben oder sie als Frauen auszubeuten."

Nachdem einige der Barrieren überwunden waren, war es leichter für ihn, Hintergrundwissen über den Alltag dieser Mädchen zu erwerben. Er beobachtete die unterschiedlichsten Formen der Ausbeutung, z.B. stellte er fest, daß die älteren die jüngeren Mädchen ausbeuteten, daß die Liebhaber die Einkünfte ihrer momentanen Partnerinnen einstrichen, daß Frauen auf den Platz kamen, die auf der Suche nach „Arbeitskräften" für ihre Bordelle waren und den Mädchen Kleider, Parfum und manchmal auch Schmuck „schenkten".

Mit der Zeit bemerkte Carlão, daß die Mädchen zu einer bestimmten Jahreszeit von der Praça do Porto verschwanden. Anfangs verstand er das nicht. Sie waren für mehrere Monate wie vom Erdboden verschluckt, tauchten aber später wieder auf. Er suchte eine Erklärung für dieses Hin und Her und stieß schließlich auf den Mädchenhandel. Die Mädchen verschwanden immer dann, wenn die Regenperiode vorüber war und die Produktion in den Goldwäschercamps angekurbelt wurde. Dann kamen die Mittelsmänner auf der Suche nach Mädchen, die in den Nachtbars arbeiten sollten. Wenn die Regenzeit wieder begann, kehrten viele auf den Platz zurück.

Carlão entdeckte, wie der Mechanismus dieser Versklavung funktionierte: über die Verschuldung. Viele der Mädchen kehrten nicht zurück, weil sie ihre Schulden nicht tilgen konnten. Andere kehrten nur zurück, weil ihnen die Flucht gelungen war. Sie hatten unterschiedlichste Formen der Verführung kennengelernt. Einige der Verführer waren Beziehungen zu den Mädchen eingegangen und hatten sie anschließend an die Goldwäschercamps verkauft. Am Anfang hatte Carlão jedoch Schwierigkeiten, diesbezügliche Informationen zu erhalten.

„Sie haben Angst, darüber zu sprechen, weil viele der Zuhälter in den Drogenhandel verwickelt sind. Wer redet, den lassen sie umbringen."

Innerhalb der Machtstrukturen, die den Praça do Porto beherrschen, sind es nicht nur die Kriminellen, die eine Bedrohung für die Mädchen darstellen, sondern auch die Polizisten. Es gibt zahlreiche Berichte, in denen von Polizeibeamten die Rede ist, die Mädchen benutzt haben. Aber nicht immer werden diese Täter auch als Gewaltverbrecher angesehen. Carlão stellte fest, daß einige der Mädchen sich darum stritten, Polizisten als Freier zu haben, ohne daß diese dafür bezahlen mußten.

„Es mit einem Polizisten zu treiben ist für einige von ihnen gleichbedeutend mit der Gerantie auf Freiheit und der Anerkennung durch die „gute" Gesellschaft."

Während dieses Gespräches stellt uns Schwester Dineva ein lebendes Beispiel vor, das die Grausamkeit jener Machtmechanismen verdeutlicht: Jociane Silva dos Santos. Sie ist erst neun Jahre alt. Eltern hat sie nicht. Die Mutter starb Weihnachten 1991, da war der Vater schon

JOCIANE
SILVA DOS SANTOS

Sie ist allein. Ihre Eltern sind tot. Sie streift zusammen mit anderen Mädchen über den Platz, die ihr beibringen, „im Leben zu stehen." Für sie ist „Aids eine Krankheit, die aus dem Wasser kommt." Mit neun Jahren kennt sie nicht den Unterschied zwischen Aids und Cholera.

tot. Nachts schläft sie in einem Haus für notleidende Kinder, das die Regierung des Staates Mato Grosso bereitgestellt hat. Dieses Haus gilt übrigens nicht als sehr sicher: Verführer plazieren sich davor und warten den Mädchen mit Versprechen wie „Schutz und Geld" auf. Tagsüber streift Jociane über den Platz.

Die Straßenerzieher und Schwester Dineva machen sich große Sorgen um Jociane. Sie wird bereits von einem älteren Mädchen begleitet, das beschlossen hat, sich ihrer „anzunehmen." Mit anderen Worten: sie steht kurz davor, auf den „Markt" zu geraten und mit dem Wertvollsten zu handeln, was sie hat: ihrer Jungfernschaft, einer Ware, die hoch im Kurs steht.

„Ich weiß nicht, wie lange wir noch die Kontrolle darüber behalten können," klagt die Schwester, während sie uns das Mädchen zeigt, das sich Jocianes angenommen hat.

Jociane kommt auf uns zu. Ich stelle die üblichen Fragen: Name des Vaters, der Mutter, Geburtsort, Arbeitsplatz, Erinnerungen an die Kindheit, Wahrnehmung der Gewalt, Bewußtsein davon, eines der Mädchen auf diesem Platz zu sein. Ich frage sie, ob sie weiß, was Aids ist. Sie sagt ja. Ich will es genau wissen: „Nun, was ist es denn?"

„Das ist eine Krankheit, die vom Fluß kommt. Sie wollen nicht, daß wir Wasser aus dem Fluß trinken, wegen Aids," antwortet sie.

Aids mit Cholera zu verwechseln ist charakteristisch für die mangelnde Vorbereitung, mit der Mädchen wie Jociane nicht nur dem Sex sondern auch dem Leben begegnen. In ihrem Leben reiht sich ein Trauma an das andere, folgt eine Zurückweisung auf die andere. Über die Vermittlung von Schwester Dineva steigen wir in ein Flugzeug, das uns nach Alta Floresta, einer Gemeinde im Norden von Mato Grosso bringt. Dort hat Dineva mehrere Wochen in einer Kinderkrippe für verwaiste Mädchen

gearbeitet. Diese Region gilt als Knotenpunkt für Besied-
lungsprojekte und Bodenerschließung durch Goldwäscher. Mit anderen Worten, noch eine Gegend für
Abenteurer.

Sie sollte uns mit einem Trauma bekanntmachen, das
für Kinder wie Jociane eine Bedrohung darstellt: der erste Sexualverkehr. Es geht um die Jungfernschaft, die
einige dieser Mädchen in einem Straßengraben, oder aber
durch hinterlistige Verführung verlieren.

ALTA FLORESTA

Am ersten Abend bekam sie neue Kleider, wurde parfümiert und als Attraktion angepriesen. Sie trank, soviel sie konnte. Zwei Männer schleppten sie auf ihr Zimmer, nur einer der beiden blieb. Erst am nächsten Morgen, als sie erwachte, erfuhr sie, was geschehen war:

„Auf meinem Laken war ein Blutfleck."

Berichte wie der von Ivonete sind in den Goldwäscherregionen so häufig zu hören, daß Studenten der Universität von Pará 1991 eine Untersuchung in die Wege leiteten. Aus Furcht vor Repressalien baten sie mich, ihre Namen nicht zu erwähnen, da es in Santarém, wo sie leben, bereits ganze Banden gibt, die sich auf den Handel mit Mädchen spezialisiert haben.

Nach den Aussagen einer Jungfrau, die in Iataituba versklavt worden war, hatte ihr ein Junge für eine einfache Arbeit einen guten Lohn angeboten. Sie sollte angeblich nur der Frau eines wohlhabenden Mannes, der viel auf Reisen war, Gesellschaft leisten und dieser Frau etwas von ihrer Einsamkeit nehmen. Der Mittelsmann konnte den Vater des Mädchens überzeugen, und, als die Sache beschlossen war, ließ er diesem das Geld im voraus zukommen.

'Als ich da ankam, fing mein Dilemma an. Der Hausherr verwickelte mich in ein vertrauliches Gespräch, packte mich, ich wehrte mich. Er versuchte es dreimal, und ich wehrte mich immer wieder. Beim vierten Mal war ich in meinem Zimmer. Plötzlich kam er herein und verriegelte die Tür, packte mich und hielt mir den Mund zu. Er schrie: „Du gehörst mir, ich habe für dich teuer bezahlt!

Dann kämpften wir bis auf's Blut. Er verpaßte mir viele Schläge ins Gesicht und ließ mich nackt vor ihm auf und ab laufen. Er war wild wie ein Tier. Dann sperrte er mich im Zimmer ein und ging weg. Stunden später ließ er mich frei und befahl mir, Vernunft anzunehmen. Ich war verzweifelt und versuchte zu fliehen, aber das Haus war von bewaffneten Typen umstellt. Am nächsten Tag packte er mich wieder. Ich kämpfte und kämpfte, aber er war stärker und so wurde ich seine Frau.

Ich verbrachte einige Monate in dieser Sklaverei. Er schenkte mir Kleider, Parfum, Kosmetikartikel, nur kein Geld oder Schmuck, aus Angst, ich könnte fliehen. In der Nähe hatte er ein Bordell. Eines Tages gab es da eine Menge Ärger. Er hatte wohl Angst und versteckte sich für ein paar Tage im Urwald. Ich nutzte die Gelegenheit und floh mit einem Freund.'

Das Dokument, das die Universität verfaßte, enthält darüberhinaus den Zeugenbericht eines Mannes aus Santarém, der auf seinen Reisen jene Nachtbars zu frequentieren pflegte. Er berichtet darin von der Gewalttätigkeit, die er an diesen Orten zu Gesicht bekam:

'Sie werden jeder Art von Folter und Ausbeutung ausgesetzt und machen es einfach mit jedem. Wenn sie sich weigern, werden sie mit heftigen Schlägen mißhandelt, man schneidet ihnen die Haare mit einem Buschmesser und schreckt auch vor Mord nicht zurück. Eines dieser Mädchen hatte von einem Landarbeiter, mit dem sie es gerade getrieben hatte, Geld verlangt. Sie starb durch zwei Schüsse in die Vagina.'

Santarém wimmelt nur so von Zeugen, die von dem Handel und der Gewalttätigkeit berichten, denen die Mädchen ausgesetzt sind. Es handelt sich bei dieser Stadt um einen der wichtigsten „Exportpole" dieser „Ware." Inês Pinho de Carvalho, von der „Pastoral do Menor", hat die Übersicht darüber verloren, wievielen Mädchen sie bereits dabei geholfen hat, sich aus ihrer Knechtschaft zu befreien und wieviele Familien bereits Anzeige erstattet haben, weil ihre Kinder verschwunden sind. Ein Fall hatte sie besonders beeindruckt. Es war ihr gelungen, die dreizehnjährige Lúcia Figueira zu befreien, die in Goldwäschercamps im der Gegend um Itaituba verschleppt worden war. Als man sie loskaufte, befand sie sich im Camp von Bom Jardim. Bei ihrer Rückkehr erzählte Lúcia, was geschehen war. Der

MARIA APARECIDA DA SILVA

Als sie elf Jahre alt wurde, wollte sie eine schöne Puppe haben. Nicht eine aus Stoff oder Plastik. Ein Mann hatte ihr die Puppe versprochen. Sie stieg auf den Gepäckträger seines Fahrrades. Er hatte ihr gesagt, daß sie ihren Traum gegen die Jungfernschaft eintauschen müsse. Nach dem vollzogenen Akt bekam sie keine Puppe zu Gesicht. Verlassen endete sie in einer Kinderkrippe. Während der ersten Tage weinte sie nur, war sehr niedergeschlagen und wiederholte immer wieder, daß sie sterben wolle. Heute geht es ihr besser, sie hat eine Familie gefunden und bekam einige Puppen geschenkt.

IVONETE
DIAS DOS SANTOS

Sie hatte in der Küche einer Nachtbar gearbeitet, deren Besitzerin sie von den Vorzügen überzeugt hatte, ihren Körper zu verkaufen. Ihre Jungfernschaft war als die Attraktion des Abends angepriesen worden. Sie hatte sich betrunken. Zwei Männer hatten sie auf ihr Zimmer geschleppt und einer von ihnen war geblieben. Sie erkannte erst, was geschehen war, als sie aufwachte und einen Blutflecken auf ihrem Laken sah.

TATIANE CRISTINA DE SOUZA

Als ihre Mutter beschloß, in eine andere Stadt zu ziehen, riß sie mit ihren neun Jahren aus. Heute ist sie elf Jahre alt. Eines Tages hatte ein Junge in einer Nachtbar beschlossen, sie zur „Frau zu machen." Sie hatte sich gewehrt. Vergeblich. Darüberhinaus war sie noch das Opfer einer Wette geworden: zwei Jungen hatten nicht glauben wollen, daß Tatiane in ihrem Alter keine Jungfrau mehr war. Auf einer Toilette waren sie ihren Zweifeln auf den Grund gegangen. Vorher hatten sie das Mädchen noch richtig betrunken gemacht.

LUCIANA FÁTIMA PINHEIRO

Sie war es leid gewesen, mitanzusehen, wie die Mutter einen Mann nach dem anderen nach Hause brachte. Sie lief weg und schwor sich, nie mehr zurückzukehren. Die Mutter hatte kein Interesse, das Mädchen zurückzuholen. Sie pflegte sich mit ihrer Tochter nur zu streiten, die es nicht liebte, „Machos" zu Hause zu sehen. „Eines Tages gehe ich in ein Goldwäschercamp und komme nicht mehr zurück," hatte die Mutter gedroht. Ohne Geld und Arbeit hatte Luciana in Hotels eines heruntergekommenen Rotlichtbezirkes gewohnt, wo sie gezwungen war, ihren Körper zu verkaufen. Bis sie Aufnahme in einer Kinderkrippe fand. Sie hat sich seitdem nie mehr prostituiert.

Besitzer der Nachtbar hatte sich über ihre Fluchtversuche geärgert. Eines Tages hatte er einen besonders heftigen Wutanfall gekriegt, sie am Heck seines Wagens angebunden und durch die Straßen gezogen.

„Das reichte ihm immer noch nicht. Später drückte er dann noch eine Zitrone auf dem blutenden Fleisch aus," erzählt Lúcia Inês.

Unser nächster Aufenthalt ist der Ort, an dem sich die meisten dieser von Studenten und von Inês zusammengetragenen Fälle ereignet haben: Itaituba, das schon zu Beginn dieser Untersuchung als die Hauptstadt des brasilianischen Mädchenhandels angegeben wurde.

* katholische Institution zum Schutz Minderjähriger (A.d.Ü.).

ITAITUBA

BEIRADÃO

BELÉM

MANAUS

ITAITUBA

IMPERATRIZ

PORTO
VELHO

RIO
BRANCO

ALTA
FLORESTA

CUIABÁ

BRASÍLIA

Der Polizeikommissar Alcir Conde ist tief in seinen Lehnstuhl hinter einem alten Tisch gesunken. Er macht keinen Hehl aus seiner Wut und Verärgerung. Mager, unrasiert, mit einem bedruckten Hemd bekleidet, das seine Brust freigibt, hebt sich seine ungepflegte Erscheinung nicht von der Umgebung ab. Wir befinden uns in einem kleinen Saal. Eine knarrende Klimaanlage vermag die tropische Hitze des Amazonas nicht zu verscheuchen, die an jenem Nachmittag des 30. Januar durch alle Ritzen dringt.

„Ich kann nichts machen. Ich weiß, daß es da Mädchensklaven gibt. Aber wir haben kein Geld für den Transport," gesteht Alcir und nimmt eine andere Position in seinem Lehnstuhl ein, während er nervös über den Bügel seiner Brille fährt, die er in den Händen hält.

Er versucht uns zu erklären, daß er den Mädchenhandel in Cuiú-Cuiú, auf den häufig durch anonyme Anzeigen aufmerksam gemacht wird, nur zu gerne bekämpfen würde. Viele dieser Anzeigen wurden übrigens bei der Polizei aufgegeben, unter anderem von Frauen, die die Flucht durch den Urwald versucht hatten, dabei wieder geschnappt wurden und als Bestrafung Folterungen zu erdulden hatten. Viele Frauen wurden sogar getötet.

Das Polizeipräsidium von Itaituba, Arbeitsplatz des resignierten Polizeikommissars, ist nicht weit entfernt von Cuiú-Cuiú, einer Stadt, die in den fünfziger Jahren um die Goldwäschercamps herum entstanden war. Es sind nur 250 Kilometer, die mit einer einmotorigen Maschine in 55 Minuten überwunden sind. Zu Land ist es schwieriger, diesen Ort zu erreichen: es dauert vier Tage mit dem Boot und noch drei Tage zu Fuß. In der Regenzeit kann man nicht vorhersehen, wie lange man zur Überwindung dieser Strecke benötigt.

Zur Hochzeit der Kautschukgewinnung war Itaitupa im Südwesten von Pará an den Ufern des Rio Tapajós gelegen, ein reiches Städtchen. Heute ist es ein Ballungszentrum der Kriminalität: hier verläuft eine der Routen des Kokainhandels und des Goldschmuggels. Ein wahres Eldorado für Banditen! „Es gibt hier Leute, die nur töten, um das Geräusch zu hören, das entsteht, wenn jemand umfällt," meint einer der Bewohner, der schon häufig jenes „Fallgeräusch" vernommen hat.

Nichts erinnert mehr an die alten Zeiten in der zweiten Hälfte des vorigen Jahrhunderts, als die Bewohner des Städtchens mit den fortschrittlichsten Zentren Europas in Kontakt standen, die Töchter der dort lebenden Familien französische Romane lasen und die Männer der Oberschicht Kleidung trugen, die sie in Paris hatten anfertigen lassen. Portugiesische Kacheln zierten die Häuser und Schlößchen. Man ließ Möbel aus feinstem Carrara-Marmor herstellen.

In nur einem Tag erhalten wir eine ellenlange Namenliste, auf der Kriminelle und Mörder aufgeführt sind. Darüberhinaus erfahren wir Einzelheiten darüber, wie der Mädchenhandel in der Region um Itaituba, mit 165.578 Quadratkilometern Fläche der größte Landkreis der Welt, abläuft. Dieses Gebiet entspricht mit seinen Ausmaßen der anderthalbfachen Fläche des Staates Santa Catarina und ist um nur 10.000 Quadratkilometer kleiner als Uruguay.

Wir verbringen zwei Stunden am Sitz der „Fundação Nacional de Saúde" (der ehemaligen „SUCAM"), einer Gesundheitsbehörde, deren Beamte für den Impfschutz in dieser Urwaldregion zuständig sind. In unserer Gegenwart streiten sie darum, wer von ihnen am besten über die Fälle Bescheid weiß, die sich in der Gegend ereignet haben. Alle haben Geschichten von gefangenen Mädchen und Frauen gesammelt. Keiner kennt diese Region besser als sie, die verpflichtet sind, jeden Fluß zu befahren und jeden Pfad zu durchlaufen, um Krankheiten wie Malaria, Cholera und Gelbfieber zu bekämpfen. Sie betreten jede Nachtbar, jedes Bordell. Einige von ihnen haben sich

Patrick Pardini/Kamera-kó

MÁRCIA E VANESSA

Márcia (links) und Vanessa waren getäuscht worden und endeten in einem Goldwäschercamp, aus dem sie nicht mehr fliehen können. Während des Interviews brach Vanessa mehrmals in Tränen aus und bat um Fluchthilfe. „Ich bin betrogen worden, sie haben gesagt, daß wir nach Itaituba kommen, um da in einem Restaurant zu arbeiten. Bis heute sind wir nicht mehr nach Itaituba gekommen. Dieses Leben ist nichts für mich." Unerfahren wie sie ist, ist Márcia schon dreimal schwanger geworden und hat sich heiklen Abtreibungspraktiken unterzogen.

mit den Prostituierten angefreundet, manche sind zu Geliebten oder Vertrauten dieser Frauen geworden.

In Begleitung des Fotografen Patrich Pardini haben zwei Forscher – aus Sicherheitsgründen werde ich ihre Namen hier nicht preisgeben - verschiedene Goldwäscherregionen durchkämmt. Sie folgten einem Auftrag, der aus einer Übereinkunft zwischen der UNICEF und dem „Movimento Nacional de Meninos de Rua" auf Initiative von Pater Bruno Secci entstanden war. Es gelang ihnen, den Handel mit Mädchen und ihre anschließende Versklavung festzustellen. Ziel ihrer Untersuchungen waren die Goldwäschercamps von Crepurizinho, Crepurizão und Sudário, die sie mit dem Boot oder Flugzeug erreicht hatten.

Die ersten Mädchensklaven, mit denen sie in Kontakt traten, waren Márcia und Vanessa in der Nachtbar „Marrom Glacê", im Camp von Crepurizão. Nach einem aufgezeichneten Interview mit den Mädchen erstellten sie ihren Bericht:

'Es gab Augenblicke, in denen wir uns machtlos fühlten angesichts der Schwierigkeiten und der Traurigkeit einiger Mädchen, mit denen wir uns unterhielten. Maria Vanessa weinte viel während unseres Interviews. Sie erklärte uns: Ich bin betrogen worden. Sie haben uns gesagt, ihr kommt nach Itaituba, um in einem Restaurant zu arbeiten. Wir sollten an einem Sonntag ankommen, für 'ne Show in so 'nem Goldwäschercamp. Dann wieder gehen. Sonntags kommen und montags wieder nach Itaituba zurückgehen, um da zu arbeiten. Wir kamen hier an, der Sonntag war vorbei, aber bis heute sind wir nicht nach Itaituba zurück. Dieses Leben ist nichts für mich und auch nichts für sie.'

Mit „sie" ist in diesem Fall Márcia gemeint, ein fünfzehnjähriges Mädchen, das ebenfalls getäuscht worden war. Wie Vanessa ist auch sie unerfahren. Sie wurde dreimal schwanger und hat jedes Mal abgetrieben, indem sie acht Tabletten eines Medikamentes eingenommen hat, das sich Citotec nennt. Sie hat keine Vorstellung davon, wann sie von hier wieder wegkommen wird.

Von Crepurizão aus waren die Forscher in das Goldwäschercamp von Sudário gelangt, wo sie mit Mädchen aus der Nachtbar „California" sprachen. Dort waren sie auf etwas gestoßen, was an diesem Ort durchaus an der Tagesordnung ist: Malaria. Eines der Mädchen, Edna de Oliveira, lag ausgestreckt auf dem Bett, sie hatte Fieber und Schmerzen am ganzen Körper und konnte sich kaum bewegen. Die medizinische Versorgung wird von irgendeinem Apotheker geleistet, der automatisch Antibiotika verschreibt. Unzählige der Mädchen haben Malaria eingefangen, erhalten jedoch keine angemessene Behandlung und erkranken schließlich an Hepatitis. Edna hatte sich über den Zustand ihres Zimmers beschwert, das ein typisches Beispiel für die fehlende Hygiene bot:

„Es ist grotesk: hier gibt es jede Menge Mücken, es ist total verdreckt und ziemlich heiß."

Etwas erschütterte die beiden Forscher ganz besonders: Als sie im Begriff waren, Crepurizão zu verlassen, erhielten sie die Nachricht, der Körper eines fünfzehnjährigen Mädchens, das auf einem Polizeikommissariat von einem Polizisten ermordet worden war, liege seit Wochen auf einer Müllhalde. Als man erfuhr, daß die Forscher die Leiche des Mädchens suchten, wurde diese schließlich von der Müllhalde entfernt, damit keine Fotos geschoßen werden konnten.

Selbst für einen Brasilianer, der mit dem Phänomen der Straflosigkeit vertraut ist, rufen die unzähligen Namen von Männern, die Mädchen gefangenhalten, und deren Identität in den Archiven der entsprechenden Hilfsorganisationen nachzulesen sind, Bestürzung hervor. Es gibt nicht die geringsten Anzeichen von Nachforschungen, Festnahmen oder Anzeigen.

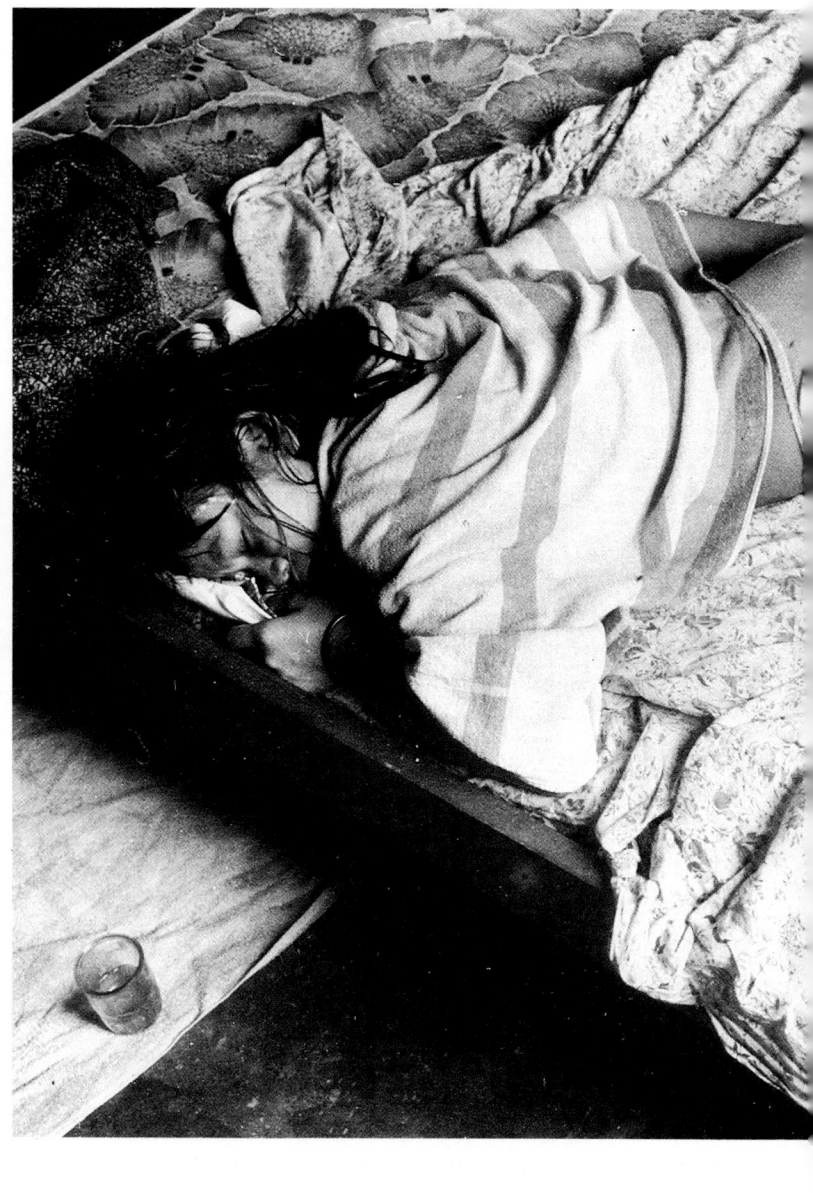

Edna geriet in eine der zahlreichen Fallen, die auf die Mädchensklaven lauern: Malaria, eine weitverbreitete Krankheit in dieser Region. Das Geld für Medikamente ließ ihren Schuldenberg wachsen. Das Ziel, eines Tages wieder fortzukommen, rückte in weite Ferne. Sie hatte große Schwierigkeiten, das Interview zu geben, weil sie von Fieber und Schmerzen am ganzen Körper geplagt wurde. Sie beklagte sich über den Zustand ihres Zimmers, in dem keine Hygiene herrscht: „Es gibt hier eine Menge Mücken, es ist total verdreckt und sehr heiß."

Der Berufsrichter Amilcar Guimarães meint resignierend, auf die Passivität der Polizei angesprochen:

„Ich bräuchte einen weiteren Polizeiapparat, um die Polizei zu kontrollieren."

Während der Nachforschungen und beim Anhören von Erzählungen und Zeugenberichten taucht immer wieder ein Spitzname auf, mit dem eine Vielzahl düsterer Geschichten verbunden ist: „Tampinha". Mit richtigem Namen heißt der Mann Milton de Almeida Penaforte und ist der grausamste unter den Mädchenhändlern von Cuiú-Cuiú, verantwortlich für den Tod unzähliger Opfer. Abgesehen von seiner Nachtbar beherrscht er in dieser Region die Goldwäschercamps, in denen er sich mit der Hand am Abzug seines Revolvers und mit der Unterstützung einiger Banditen durchzusetzen pflegt. Er ist der gefürchtete Besitzer einer Nachtbar mit dem vielsagenden Namen „Matador"*. Nicht zuletzt aus diesen Gründen wurde das Schweigegebot lange nicht gebrochen. Am 22. April 1991 begibt sich Mariana dos Santos Veras, fünfzehn Jahre alt, auf die Polizeiwache und berichtet dort von ihrem Drama. Sie hatte Altamira, eine Stadt im Staat von Pará, verlassen, weil man ihr eine Anstellung in Cuiú-Cuiú versprochen hatte. Stattdessen endete sie im „Matador", wo sie gezwungen wurde, anzuschaffen.

„Wir mußten mit mehreren Männern pro Abend schlafen. Wenn wir nicht pariert haben, wurden wir verprügelt, und zwar nicht zu knapp", erzählt Mariana, der es gelungen war, zu fliehen. Sie hatte sich in den Urwald geschlagen.

In ihrem Zeugenbericht gibt sie die Namen von anderen Mädchen an, die fliehen wollten und es nicht geschafft haben: Raimunda Guedes, vierzehn Jahre alt, Zara und Jane, beide sechzehn Jahre alt, und Poliana, siebzehn Jahre alt. Alle waren gemeinsam von Altamira aufgebrochen und hatten reuevoll um Hilfe gebeten. Vergeblich.

Erst im Dezember 1991 gelang es Zara Celma Cruz Teles, einer Freundin von Mariana, sich zu befreien, nachdem sie acht bittere Monate in der Bar „Matador" verbringen mußte und dort die unterschiedlichsten Mißhandlungen zu erdulden hatte. Sie war acht Tage lang auf der Flucht gewesen. Goldwäscher, die Mitleid mit ihr hatten, waren ihr dabei behilflich gewesen. Auch Zara wagte es, der Polizei Informationen zu geben.

„In der Bar ist es ganz normal, daß sie Frauen verprügeln und umbringen," sagt sie im Verlauf einer Aussage, die von der „Fundação do Bem-Estar Social do Pará" in Itaituba aufgenommen worden war.

Es fiel nicht leicht, diesen Geschichten Glauben zu schenken. Aber es war ebenso schwierig, sie als Lügen abzutun. Sie sollten sich bald als wahr erweisen. Am 21. Dezember 1991 kam der Soziologe Guilherme Scartezini nach Cuiú-Cuiú, um Daten und Fotodokumente für das „Departamento Nacional de Produção Mineral (DNPM)" zu sammeln. Er war auf der Suche nach Informationen über Umweltprobleme in den Goldwäschercamps der Region um Tapajós, einem der Hauptpole der Goldgewinnung in Brasilien.

Eines Tages wurde er während seiner Dreharbeiten von zwei Mädchen aufgesucht, die in der Nachtbar „Luz Vermelha" arbeiteten: Augustinéia und Socorro. Sie wollten diesen Ort verlassen und hatten sich bereit erklärt, über eine Videoaufnahme um Hilfe zu bitten.

„Mein größter Wunsch ist es, von hier abzuhauen," sagte Augustinéia Souza Aguiar vor der Kamera, die sie und Socorro aufgenommen hatte. Die beiden Mädchen waren getäuscht worden. Sie hatten den Versprechungen Glauben geschenkt, als Köchinnen arbeiten zu können. S tattdessen waren sie gezwungen worden, ihre Körper zu verkaufen, und man hatte ihnen verboten, sich mit ihren Familien in Verbindung zu setzen. In Cuiú-Cuiú gibt es kein Telefon, nur eine selbstgebastelte Radiostation.

„Wenn die Mädchen versuchen zu fliehen, ist gleich die Polizei hinter ihnen her," berichtet Socorro.

Ich bekomme Gelegenheit, einige der verzweifelten Briefe zu lesen. In einem dieser Briefe, vom Mai 1990, welcher der Geologin Maria Rita Rodrigues vom Verwaltungsdistrikt Pará für Industrie, Handel und Bodengewinnung in dieser Region ausgehändigt worden war, heißt es:

„Wenn du fliehst, sind sie hinter dir her. Wenn sie dich finden, bringen sie dich um. Wenn sie dich nicht töten, schlagen sie dich solange, bis du in die Bar anschaffen gehst."

Weiter unten in diesem Brief heißt es:

„Die Barbesitzer hier schlagen uns mit einem viermal gefalteten Elektrodraht. Wenn sie es nicht selbst tun, dann lassen sie es die Polizei machen."

Der skizzenhafte Bericht über die Expeditionen der Geologin, die ursprünglich zum Ziel hatten, die gesellschaftliche Struktur der Goldwäscherregionen zu erforschen, gleicht beinahe einem Drehbuch:

„Wir stellten fest, daß eine dieser Frauen Foltermale trug. Sie hatte versucht, aus dem Städtchen zu fliehen, daraufhin wurde sie auf Initiative des Nachtclubbesitzers von der Militärpolizei geschnappt und mit einer „Palmatória" gefoltert, wobei dem Opfer mehrfach mit beiden Händen auf die Ohren geschlagen wird. Einige Monate später hatte die Frau wieder zu fliehen versucht und war anschließend von der Militärpolizei mit einem Schuß in den Rücken umgebracht worden."

Fluchtversuche erfordern Mut und Einfallsreichtum. In einer geschickten Operation war es gelungen, Maria Madalena Costa de Oliveira zu befreien. Ihr Unglück hatte am 28. April 1991 in Altamira begonnen, als ihr die Eheleute Walmir und Marisa angeboten hatten, als Zimmermädchen in Itaituba zu arbeiten. Sie sollte 30 Gramm Gold pro Monat verdienen. Marias Reise begann am 4. Mai, als sie im Hotel Miranda in Itaituba ankam. Dort traf sie auf fünf andere Mädchen.

Die herbe Enttäuschung ließ nicht lange auf sich warten. Gleich am nächsten Morgen ließ Walmir die Mädchen wissen, daß sie nicht in der Stadt bleiben würden, sondern in ein Goldwäschercamp kommen sollten. Wenn sie zurückgehen wollten, dann könnten sie dies tun. Aber in diesem Fall müßten sie die Ausgaben für ihre Überfahrt mit dem Flugzeug und ihre Unterbringung zurückzahlen. Die Mädchen entschlossen sich also, in das Camp zu gehen und nahmen das Flugzeug. Tampinha erwartete sie schon an der Landebahn.

Die zweite böse Überraschung war, daß sie in der Nachtbar „Matador" zu arbeiten hatten.

„Diese Abende waren die Hölle. Wir mußten mit verschiedenen Männern schlafen. Wir wurden zu lesbischen Praktiken gezwungen und mußten für Fotoaufnahmen herhalten," berichtet Madalena.

Nach drei Monaten floh Maria Madalena in Begleitung ihrer beiden Freundinnen Tânia und Maria de Fátima. Zwei Goldwäscher halfen den Mädchen bei ihrer Flucht. Nach zwei Nächten und einem Tag, während derer sie fast nichts zu sich genommen hatten, waren sie völlig erschöpft. Sie erreichten die Fazenda von Edmar Pereira, wo sie um etwas zu essen baten. Dies erwies sich als eine schlechte Idee: der Farmer händigte die Mädchen für 49 Gramm Gold an seinen Freund Tampinha aus!

Maria Madalena gab jedoch die Hoffnung nicht auf. Eine kranke Prostituierte, die nach Altamira gebracht wurde, hatte in ihrem Gepäck einen Brief von Maria Madalena versteckt, in welchem diese um Hilfe bat. Kaum im Besitz des Briefes ergriff Marias Schwester, Raimunda Holanda, unverzüglich Maßnahmen. Sie suchte die Richterin Vera Araújo de Souza in Altamira sowie die „Polícia Federal" auf.

Am 25. November brach ein Polizeikommissar auf

Initiative der Richterin nach Cuiú-Cuiú auf, um Maria dort zu suchen. Als das Mädchen endlich diesen Ort verlassen konnte, gab ihr „Tampinha" zum Abschied noch eine Drohung mit auf den Weg:

„Er sagte, er würde mich töten lassen, wenn ich auch nur das Geringste erzählen würde. Er sagte, daß er mich genausogut hier an Ort und Stelle umbringen und mich hier begraben könne. Er werde dann dem Polizeikommissar Gold geben und alles wäre vergessen."

Die Geschichte von Maria Madalena gibt ein Beispiel für die Straffreiheit, mit der Mädchenhändler rechnen können. In Belém berichtete Maria Madalena nicht nur der zivilen Polizei von ihrer Pilgerfahrt durch den Urwald, sondern erzählte das Ganze auch der „Polícia Federal". Zwei Abgeordnete von Pará sowie Beamte von der Gesellschaft für Menschenrechte gingen dem Fall nach. Die Abgeordnete Aída Maria scheute sich nicht, bei der gesetzgebenden Versammlung von Pará die sofortige Aufdeckung des Sklavenhandels zu fordern.

Mit dem Ergebnis, daß an jenem verschlafenen Nachmittag des 30. Januar 1992 ein Polizeibeamter sich darauf beschränkt, uns zu erklären, ihm seien die Hände gebunden, schließlich habe er kein Geld, um eine Flugreise zu unternehmen. Aber unser Besuch auf dem Polizeikommissariat ist nicht umsonst. Ganz im Gegenteil: in den Archiven dieser Behörde gibt es ein Blatt Papier, das uns auf eine wichtige Fährte des Sklavenhandels mit Mädchen bringt. Die Spurenlegerin nennt sich Maria Domingas Rabelo Frazão und ist vierzehn Jahre alt.

Am 23. Januar war Maria Domingas auf eben jener Polizeiwache gewesen, von der weiter oben die Rede ist. Sie gab dort zu Protokoll, daß sie in Cuiú-Cuiú gefangen gehalten worden und von dort geflohen sei. Diesmal ist der Beschuldigte nicht „Tampinha", sondern ein gewisser „Mineirinho". Das Mädchen hatte große Angst: er hatte ihr geschworen, sie bis in die Hölle zu verfolgen, wenn sie fliehen würde. Maria hatte einen besonderen Grund, ihn anzuklagen: zwei ihrer Freundinnen, Tieta und Loura, befanden sich noch in seiner Gefangenschaft.

Der Tag geht seinem Ende zu und die Hitze läßt ein wenig nach. Wir chartern sofort eine einmotorige Maschine. Es gibt nur eine Fluggesellschaft, die diese Strecke befliegt: „Pai Velho". Die Flugpiste hat einen Besitzer: wer auf ihr starten oder landen will, muß „Pai Velho" aufsuchen. Wir rücken 450 Dollar heraus und setzen unseren Abflug auf acht Uhr fest. Doch ebenso dringlich wie die Beschaffung eines Transportmittels ist es, herauszufinden, wo Maria Domingas wohnt. Es gibt nur eine Spur: das „Casa da Lambada", eine Bar im Randbezirk der Stadt.

Im „Casa da Lambada" soll angeblich ein Freund von „Fininha" gearbeitet haben, ein Spitzname, unter dem Maria Domingas bekannt ist. Wir finden den Ort über einen Bewohner von Itaituba. Aber der Freund arbeitet nicht mehr dort. Es ist dunkel geworden. Alles scheint verloren, beinahe.

Wir sind drauf und dran, die Suche abzubrechen, als uns ein Mädchen unverhofft auf die gewünschte Fährte setzt: der Freund von „Fininha" habe einen Verwandten, der vielleicht wisse, wo wir sie finden können. Sie erklärt sich bereit, uns im Omnibus zu begleiten, um uns den Weg zu zeigen.

Zwei Stunden hin und zurück über Straßen voller Schlaglöcher. (Um die Zeugin zu schützen, behalte ich mir vor, den Ort unserer Begegnung nicht zu nennen). Ein Mann sitzt vor einem Haus. Wir fragen ihn nach Maria Domingas:

„Ich weiß nicht, wer das ist," antwortet er.

Wir lassen nicht locker. Ein Junge taucht auf und fragt uns in einem agressiven Ton:

„Was wollt ihr denn?"

MARIA DOMINGAS RABELO FRAZÃO

Man bot ihr eine Arbeit in einem Imbiß nahe eines Goldwäschercamps in Pará an. Sie ahnte nicht, daß dieses Angebot ein Köder war. Sie landete schließlich als Gefangene in einer Nachtbar von Cuiú-Cuiú, die sich in ein wahres Gefängnis verwandelte. Mit ihrer Familie konnte sie sich nicht in Verbindung setzen. Sie war gezwungen worden, mehrfach am Abend sexuelle Beziehungen zu Männern einzugehen, brach aus und tauchte im Urwald unter. Bei ihrer Rückkehr erstattete sie Anzeige bei der Polizei und gab die Namen von befreundeten Mädchen an, die sich noch in Gefangenschaft befanden. Die Polizei ergriff keine Maßnahmen. Sie war ja nur eine von vielen Mädchensklaven in der Region.

Mißtrauisch bleibt er im Haus und zeigt nur einen Teil seines Gesichtes durch den Türspalt.

„Sie ist nicht da," sagt er und versucht so, das Gespräch zu beenden, runzelt die Stirn und hebt die Stimme.

Wir führen an, daß wir Journalisten seien und interessiert daran, Einzelheiten über das Leben von „Fininha" in Cuiú-Cuiú zu erfahren. Wenn möglich, wollten wir dabei helfen, ihre Freundinnen zu befreien. Ich zeige meinen Presseausweis von der „Folha de S. Paulo". Dann nenne ich den Namen einiger Mittelsmänner, die uns dabei geholfen haben, ihn zu finden. Während wir miteinander sprechen, betritt das Mädchen, das uns begleitet hat, das Haus, erkennt „Fininha" und berichtet uns von ihrer Entdeckung. Es sind noch weitere Überredungskünste vonnöten, bis der junge Mann endlich ein Treffen zwischen uns und dem Mädchen zuläßt. Er erklärt seine Vorsicht:

„Wir haben uns versteckt, weil 'Mineirinho' geschworen hat, daß er sie töten wird."

Wir betreten den Wohnraum des kleinen Hauses, wo ein Fernseher die Aufmerksamkeit von acht Personen auf sich zieht. Bald erfahren wir, daß der mißtrauische Junge den Spitznamen „Baixinho" trägt und der Freund von Maria Domingas ist. „Fininha", die sehr schüchtern ist, erscheint. Ihre Haare sind noch naß von einem Bad. Sie lehnt sich an die Wand und senkt den Kopf, als wolle sie nicht erkannt werden. Einsilbig beantwortet sie unsere Fragen und sieht bei jeder Frage zu ihrem Freund hin:

„Er hat uns gezwungen, mit allen Männer zu bumsen. Ich wollte das nicht, deshalb bin ich geflohen."

Auch sie glaubte, sie werde eine Arbeit in einer Imbißstube bekommen und mehr Geld verdienen. Man schleuste sie in ein Zimmer der Nachtbar „Saramandaia." Ihr gelang nach einem Monat die Flucht. Jetzt würde sie gerne ihre beiden Freundinnen wiedersehen. Die drei Mädchen waren mit dem Versprechen auf ein besseres

Leben gelockt worden, man brachte sie in einem Flugzeug nach Cuiú-Cuiú.

„Fininha" erzählt, nach welchen Mechanismen die Versklavung erfolgt. Alles hängt an der Verschuldung der Mädchen, ein Faß ohne Boden. Wenn ein Mädchen in der Bar eintrifft, sagt man ihm, daß es von nun an Schulden hat: die Kosten für die Reise mit dem Flugzeug, die sich ungefähr auf 100 Dollar belaufen. Solange es diese Schulden nicht abbezahlt habe, könne es nicht fortgehen. Aber die Schulden werden eher größer durch den Kauf von Kleidern, Parfum, Medikamenten und Lebensmitteln, die der Barbesitzer selbst den Mädchen zur Verfügung stellt.

Ohne ihnen Rechnungen zu zeigen, verwaltet der Eigentümer dieser Mädchen die Ausgaben und legt als Verrechnungsgrundlage den Wert eines Grammes Gold zugrunde. Die Schulden der Mädchen wachsen unaufhörlich, vor allem, wenn sie erkranken, was in dieser malariaverseuchten Gegend häufig vorkommt. Sie können nicht „arbeiten", während ihre Schulden unaufhörlich anwachsen.

Im Anschluß an unser Interview halten wir auf dem Rückweg noch einmal im „Casa da Lambada", wo eines der Mädchen gelandet war, das einige Zeit im Goldwäschercamp von Surubim zugebracht hatte: Vileni Reis de Almeida, sechzehn Jahre alt, die sich seit ihrem dreizehnten Lebensjahr prostituiert. Ihre Aussagen zeigen, wie sehr die Versklavung der Mädchen als Routineangelegenheit angesehen wird, beinahe als eine Art kulturelle Einrichtung. Ich frage sie, wie sie in der Nachtbar behandelt wird, und bekomme die lakonische Antwort:

„Gut, er hat mich sogar gehen lassen."

Sie hatte einige Monate in dieser Bar zugebracht, hatte dort jeden Abend angeschafft und war trotzdem nicht in der Lage gewesen, ihre Schulden abzuzahlen. Aber ihrer eigenen Aussage zufolge waren die Barbesitzer „ziemlich in Ordnung". Sie hatten das Mädchen ziehen lassen.

VILENI REIS DE ALMEIDA

Sie war in einer Nachtbar in der Gegend von Surumbim gelandet. Seit ihrem dreizehnten Lebensjahr hat sie sich prostituiert. Sie verbrachte mehrere Monate in dieser Bar, ohne ihre „Schulden" tilgen zu können, kehrte schließlich zurück und gab ihr ganzes Geld für die Überfahrt aus. Vileni betrachtet ihr Schicksal als einen Glücksfall, da die Besitzer der Bar sie gehen ließen.

„Mit wieviel Geld bist du zurückgekommen?" möchte ich wissen.

„Mit gar keinem."

So schockierend dies auch erscheinen mag, nimmt sich der Fall von Vileni unbedeutend aus neben denen, auf die wir in wenigen Stunden in Cuiú-Cuiú stoßen sollten. Wir wußten schon vorher, wo wir ansetzen mußten: bei Tieta, Loura und „Mineirinho".

* hier zu deutsch etwa „Totschläger" (A.d. Ü.).
* Sozialfürsorgestiftung, die an Heime oder andere Institutionen in Pará angegliedert ist und Sozialbeihilfe leistet (A.d. Ü.).
* Behörde, die dem Energie- und Bergbauministerium untergeordnet und für Aktivitäten im Bereich des Bergbaus zuständig ist (A.d. Ü.).

CUIÚ-CUIÚ

Wir überfliegen die Stadt und warten darauf, daß ein widerspenstiges Maultier von der Flugpiste gezogen wird und die einmotorige Maschine „Carioca" von der Fluggesellschaft EMBRAER endlich landen kann. Das Flugzeug setzt schließlich um 9 Uhr 20 jenes heißen Februarmorgens 1992 auf, nachdem es in waghalsigen Manövern den Wasserpfützen und Schlaglöchern auf der Landebahn ausgewichen ist.

Es ist leicht, sich in Cuiú-Cuiú fortzubewegen. Es gibt nur zwei Straßen, in denen 510 Einwohner leben. 72 dieser Einwohner sind Prostituierte, Mädchen und Frauen. Unmöglich also, in dieser Stadt einzutreffen, ohne bemerkt zu werden.

Ungefähr 50 Meter vom Stellplatz des Flugzeugs entfernt befindet sich die Hauptstraße der Stadt. Es ist eine Straße von beachtlicher Länge. Ich erfahre bald, daß es sich um eine ehemalige Flugzeuglandebahn handelt, zu deren rechten und linken Häuser gebaut worden sind. Trotz der grassierenden Malaria hat Cuiú-Cuiú keine Gesundheitsbehörde, von einem Krankenhaus ganz zu schweigen. Wenn jemand erkrankt, gibt es immer einen Laien, der medizinische Kenntnisse vortäuscht und Antibiotika verschreibt, die in einer Kantine verkauft werden und dort neben Seife, Zahnbürsten und Bierflaschen stehen.

Die Schule am Ort beschränkt sich auf einen einzigen Saal, in dem Kinder aller Altersgruppen zusammengesteckt werden. Telefone gibt es hier nicht. Nur ein selbstgebasteltes Radio. Die Fernsehbilder erreichen den Ort über eine riesige Parabolantenne. Eine Radiostation gibt es nicht, nur eine provisorische Funkstation direkt neben der Nachtbar „Matador", deren Besitzer der legendäre Tampinha ist. Er wird der Ermordung von Frauen angeklagt. Ein Junge hat einen mächtigen Lautsprecher installiert und übernimmt die Rolle des Ansagers.

Während wir durch die Stadt laufen, gibt der Ansager lautstark unsere Ankunft bekannt. Er setzt alle davon in

Kenntnis, daß ein Journalist der „Folha de S. Paulo" in der Stadt eingetroffen ist. Dann verbreitet er eine Falschmeldung: er sagt, ich würde mich für den Gesundheitszustand der Einwohner von Cuiú-Cuiú interessieren.

„Es ist die Presse aus dem Süden, die sich für uns interessiert, Leute!" tönt es über den Lautsprecher.

Ich kann die Wahrheit nicht preisgeben. Hätte ich gesagt, daß ich gekommen bin, um die Gefangenschaft der Mädchen zu dokumentieren, wären mir alle Türen verschlossen geblieben, nicht zuletzt die auf der Polizeiwache. Am Vortag hatte der Polizeikommissar Alcir Conde in Itaituba Polizisten von Cuiú-Cuiú der Korruption angeklagt. Offenbar hatte er unsere Reise mit Sorge gesehen und uns sogar einen Polizeiagenten zur Begleitung angeboten, was wir ablehnten.

„Halten Sie Kontakt zu mir," hatte er vorgeschlagen, „es ist gut zu wissen, wann Sie dort eintreffen," aber wir hatten seiner Bitte nicht entsprochen.

Cuiú-Cuiú ist eine Stadt im ältesten Goldwäscherbezirk von Pará. Heute sind die Schürfplätze jedoch weit entfernt von der Stadt und nur nach langen Märschen durch den Urwald zu erreichen. Diese Entfernung hindert die annähernd zweitausend Goldwäscher, die sich um das Gold schlagen, jedoch nicht daran, die paar Gramm des wertvollen Metalls, auf das sie stoßen, gegen den heißen Körper einer Frau und eine Flasche eisgekühlten Biers einzutauschen. Dies ist das gemischte Angebot, das in den zweiunddreißig Nachtbars der Stadt auf die Männer wartet.

Unser erster Besuch gilt der Polizeiwache, deren Beamte von Alcir Conde verdächtigt werden. Man stellt mich dem Polizeibeamten Dermes Lima vor, der, mit Bermudas bekleidet, auf einem Stuhl vor dem Amtsgebäude sitzt und einen Affen im Arm hält, ein Bild völliger Entspannung. Er befreit sich von dem Makaken und zeigt uns die Inneneinrichtung: die zwei Gefängniszellen sind leer. Eine Zellentüre schließt nicht.

IVONETE
SOARES DOS SANTOS

Ivonete ist eines der vielen Ma-
lariaopfer. Von Schmerzen ge-
plagt, verläßt sie kaum ihr Zim-
mer. Sie war von Goldwäscher-
camp zu Goldwäschercamp ge-
zogen und hat die Hoffnung auf
ein besseres Leben schon aufge-
geben. „Ich weiß nicht mehr, wie
oft ich mir schon Malaria ge-
fangen habe."

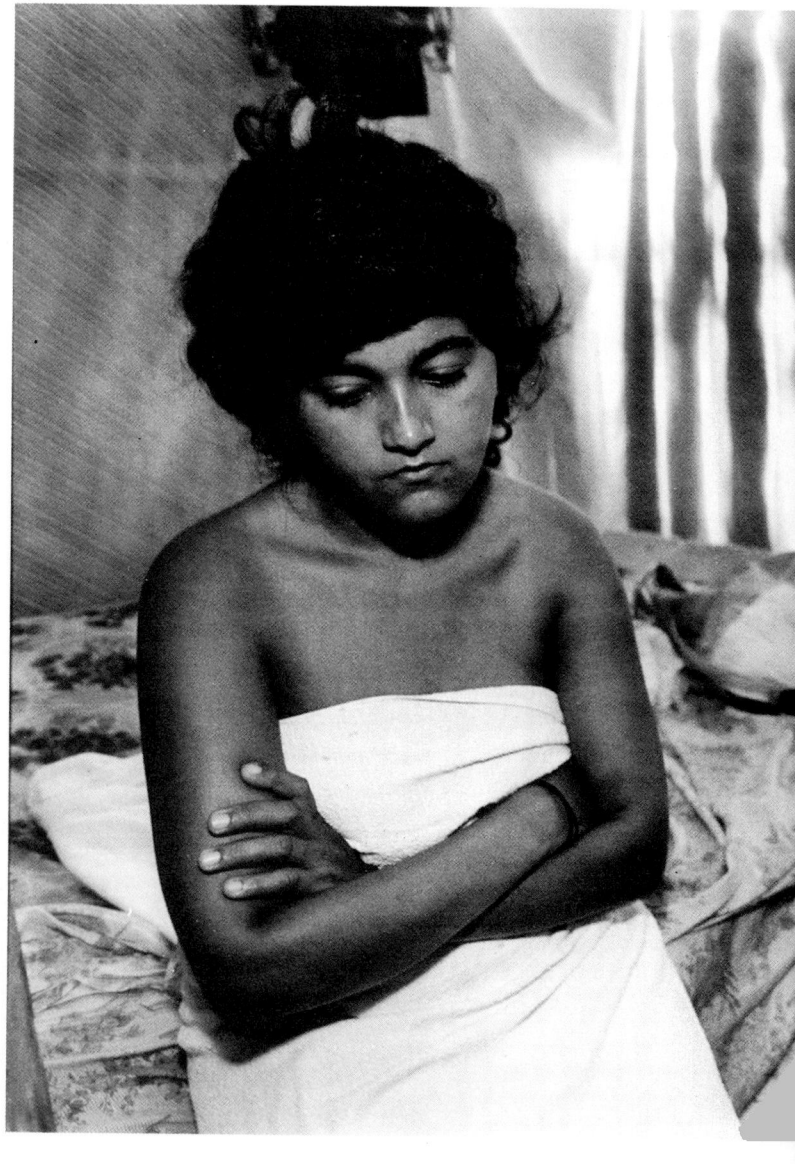

OLGA MAGALHÃES

Olga Magalhães ist nicht nur an Malaria, sondern auch an einer Geschlechtskrankheit erkrankt. Sie schließt sich in ihrem Zimmer ein und will nicht einmal untersucht werden. Die Nächte verbringt sie im Fieber und mit Schüttelfrost. Auf die Frage, ob sie Präservative benutzt, antwortet sie mit einer Gegenfrage: „Präservative?"

„Das hier ist für einen, der zuviel getrunken hat und seinen Rausch ausschlafen muß," versichert Dermes und setzt ein Lächeln auf, während er auf die Zellen zeigt. Auf der Polizeiwache wartet dann die erste große Überraschung auf uns. Der Beamte sagt uns, daß die Gemeinde für die Sicherheit der Stadt zahlt. Ich gebe Interesse vor und frage, wer denn da helfe.

„Alle hier", antwortet er und zeigt mir die Liste der Beitragszahler.

Als ich die Liste überschlage, werde ich augenblicklich aufmerksam. Gegen Ende sind die Nachtclubbesitzer als die großzügigsten Beitragszahler aufgeführt. Man beschuldigt sie, aus Bars wie „Matador", „Saramandaia" und „Luz Vermelha" wahre Gefängnisse gemacht zu haben. Die Informationen, die wir in Itaituba sammeln konnten und die davon berichteten, daß auch Poizisten mit den Mädchenhändlern und Sklavenhaltern unter einer Decke stehen, nehmen nun Gestalt an.

In weniger als einer Stunde mache ich eine unangenehme Entdeckung: wenigstens eine Person in der Stadt weiß, worauf mein tatsächliches Interesse gerichtet ist. Es handelt sich um einen ungewöhnlichen Soziologen aus der Schweiz, der beinahe zwei Meter groß ist und sich in einem Haus des „Departamento Nacional de Produção Mineral" eingerichtet hat. Er stellt Untersuchungen über die Menschen an, die in den Goldwäschercamps leben. Ich werde ihm vorgestellt. Er fragt mich in einem unsicheren Kastilisch nach meinem Namen. Aus Unbedachtsamkeit verrate ich meine Identität.

„Ich habe von ihrer Untersuchung gelesen," sagt er.

In der Anfangsphase meiner Nachforschungen, mit denen ich im Juli 1991 begonnen habe, hatte die Presse in Pará meine von Pater Bruno Secci unterstützte Aktion besonders hervorgehoben. Der Schweizer hatte sich zu diesem Zeitpunkt in Belém aufgehalten und dummerweise diese Zeitungsnotiz gelesen. Es gibt jetzt also keinen Weg, ihn um Diskretion zu bitten, nicht zuletzt aufgrund der Anwesenden, die unser Treffen bezeugen können. Ich habe das Gefühl, ein Wettrennen mit der Zeit zu führen.

In den Gesprächen mit den Bewohnern dieser Stadt zeige ich mich interessiert daran, Malariakranke aufzusuchen. Ich gebe zum Ausdruck, daß mir besonders daran gelegen ist, die Mädchen unter den Malariakranken zu sehen. Ob sich wohl eine von ihnen in den entsprechenden Nachtbars aufhält? Ja, dem ist so. Wir betreten die Bar mit dem Namen „Boate do Prego". Eine Frau dort gibt uns zu verstehen, was für ein Fluch Malaria doch ist. Sie stellt uns Ivonete Soares dos Santos vor, ein Mädchen aus dem Staat Maranhão, das schon durch mehrere Goldwäschercamps gegangen ist.

Ihr fällt das Gehen schwer, als sie sich von ihrem Zimmer in den Salon begibt. Sie setzt sich auf einen Stuhl neben dem Tresen.

„Ich weiß schon nicht mehr, wie oft ich mir Malaria gefangen habe," sagt sie.

Aufgrund der Krankheit kann sie sich kaum bewegen. Sie kann ihre Schulden nicht abbezahlen, die mit den Kosten für ihre Medikamente unaufhörlich steigen. Sie weiß nicht, was es bedeutet, ein Leben außerhalb der Prostitution zu führen. Für sie ist dieses Verhältnis der Leibeigenschaft, das sie an den Besitzer der Bar fesselt, Teil einer natürlichen Gesetzmäßigkeit:

„Hier habe ich wenigstens mein Essen und einen Schlafplatz," sagt sie.

Unserem Gespräch wohnt Maria Joaquina Pereira bei, die Frau des Barbesitzers. Sie brüstet sich damit, eine „gute" Patronin der Mädchen zu sein:

„Hier bekommt keiner Prügel. Geschlagen wird hier niemand. Sehen sie sich ruhig an, wie's woanders zugeht. Da gibts Mädchen, die sterben, weil der Mann kein Geld hergibt, damit sie ins Krankenhaus können!"

Die Gemeindevorsteherin von Cuiú-Cuiú, Sônia Maria Alves, ist bei unserem Gespräch ebenfalls anwesend. Sie ist erbost über die fehlende Unterstützung von Seiten der Öffentlichkeit und berichtet uns von dem Fall einer schwangeren Jugendlichen, die in einer der Nachtbars angeschafft hatte. Die Niederkunft brachte Komplikationen mit sich, und das Mädchen starb.

„Ich konnte danach kaum schlafen. Das Mädchen tot, und das Baby, das sich noch da drin bewegt hat, es kam mir vor, als hätte es gestrampelt. Die Hebamme hat noch versucht, das arme Ding da rauszuziehen, aber es war zu spät."

Unsere Unterhaltung findet in einem Hausflur statt, der zu den Kammern führt, in denen die Mädchen wohnen und ihre Kunden empfangen. Sie verrät uns, daß es hier mehr als eine Kranke gibt und klopft an eine Türe, die sich erst nach einer Ewigkeit öffnet.

„Schlimm ist das, schlimm. Sie ist krank und möchte das Zimmer nicht verlassen."

Endlich öffnet sich die Türe und es erscheint Olga Magalhães Santana. Sie ist in ein Handtuch gehüllt, wirkt niedergeschlagen, ihre Haare sind in Unordnung. Sie setzt sich auf den Bettrand. Das Sprechen bereitet ihr Schwierigkeiten. Auch sie ist eine Getäuschte.

„Ich habe bei einer Familie im Haushalt gearbeitet. Ich habe gedacht, ich könnte hier als Köchin arbeiten. Jetzt kann ich nicht mehr weg, weil ich die Schulden nicht bezahlt habe."

Aufgrund der Symptome, die sie aufweist, hat sie nicht nur Geschlechtskrankheiten, sondern auch Malaria. Um mein Interesse zu verbergen und nicht das Mißtrauen von Maria Joaquina zu wecken, frage ich nicht nur gezielt nach der Versklavung, sondern will über allgemeinere Dinge wie Malaria und Tripper etwas wissen. Als ich sie frage, ob sie weiß, was ein Präservativ ist, erhalte ich statt einer Antwort eine Gegenfrage:

„Präservativ?"

Die Interviews kommen nicht in Fluß. Ich fühle mich daran gehindert, tiefer ins Detail zu gehen und etwas Genaueres über die Versklavung der Mädchen zu erfahren. Wir verlassen die Nachtbar „Boate do Prego". Als wir auf die Hauptstraße zurückkehren, eröffnet uns unser Führer aufgeregt:

„Zwei Prostituierte, eine junge und eine ältere, haben mich gebeten, sie zu befreien und im Flugzeug mitzunehmen."

Wieder einmal bestätigen sich Erfahrungen, die Personen wie die Geologin Maria Rita und der Soziologe Scartezini an diesem Ort machten. Der Führer bringt uns zu der Nachtbar, in der die beiden Mädchen arbeiten. Sie befindet sich am äußersten Ende der Straße. Schon aus zehn Metern Entfernung kann man den Namen lesen: Saramandaia. Hier sollen sich die drei Personen aufhalten, die wir nach den Angaben von „Fininha" suchen.

Im Salon sind mehrere Goldwäscher versammelt, die in Gesellschaft der jungen Mädchen und Frauen ihr Bier trinken. Ich sage, daß ich dabei bin, eine Reportage über Gesundheitsprobleme in Cuiú-Cuiú zu machen. Man stellt mich dem Barbesitzer vor. Er nennt mir seinen Namen: Mineirinho. Sein richtiger Name ist Augusto Gomes dos Santos. Wäre meine Reportage ein Bericht über ein Fußballspiel, so würde ich an dieser Stelle sagen: ich befand mich Aug' in Aug' mit dem Torwart, nachdem ich mich an den Verteidigern der gegnerischen Mannschaft vorbeigedribbelt habe.

Ich bemerke sein Mißtrauen. Es ist verständlich: „Fininha" hatte bei der Polizei Anzeige über seine Aktivitäten erstattet. Ganz offensichtlich nimmt er mir meine Geschichte von der Reportage über den Gesundheitszustand der Stadtbewohner nicht ab. Um dem ganzen den Anschein der Wahrhaftigkeit zu geben, stelle ich ihm eine ganze Batterie an Fragen über Malaria und Geschlechtskrankheiten. Gleich darauf erscheinen Tieta und Loura. Tieta ist sechzehn Jahre alt und heißt mit richtigem Namen Maria Izaide Batista. Loura, die mit richtigem Namen Katia dos Santos Silva heißt, ist neunzehn. Unser Führer erkennt in den beiden Mädchen die Personen wieder, die ihn um Hilfe gebeten haben. Mir gelingt es nun kaum noch, Zurückhaltung zu wahren: die Spannung steht mir auf dem Gesicht geschrieben. Ein nervöser Husten, der mich immer peinigt, wenn ich aufgeregt bin, tut das seine. „Mineirinho" umkreist die Mädchen und kontrolliert jedes Wort, das sie sagen. Als er für Sekunden seine Aufmerksamkeit abwendet, gelingt es den Mädchen, mir etwas zuzuflüstern.

„Wir wollen hier weg und können nicht. Dieser Hurensohn sagt immer, daß er uns nur hier wegläßt, wenn wir unsere Schulden bezahlen, aber die werden immer mehr. Das Geld, das wir verdienen, geht direkt in seine Hände," beschwert sich Loura, die neben mir auf der Holzbrüstung der Bar Saramandaia sitzt.

Sie offenbart mir, daß ihre Schulden noch gestiegen sind mit der Flucht von „Fininha", ihrer Freundin:

„Dieser Unselige hat uns ihre Schulden aufgebrummt. Wer sich beschwert, wird verprügelt."

„Gibt es noch mehr Prostituierte in dieser Situation?" will ich wissen.

„Es ist in allen Bars das gleiche. Wer versucht zu fliehen, bezieht Prügel. Es gibt überall Mädchen, die übersät sind mit Wunden. Man sagt, daß viele, die fliehen wollten, das mit dem Leben bezahlt haben."

„Mineirinho" bemerkt, das unsere Unterhaltung eine Wende genommen hat und unterbricht uns barsch:

„Was redest du da! Sag dem jungen Mann bloß nicht, daß du unfreiwillig hier bist, weil das stimmt nicht."

Er sieht sie wutentbrannt an. Loura senkt den Kopf und murmelt unwillig:

„Das sag ich doch gar nicht."

Ich interviewe andere Prostituierte in dem vergeblichen Versuch, mein wahres Anliegen zu verbergen, bis Tieta in Shorts und Hemdchen auftaucht. Zu diesem Zeitpunkt ist „Mineirinho" schon reichlich mißtrauisch. Ich bestelle ein Bier bei ihm, um ihn loszuwerden. Tieta erfaßt meinen Trick und nutzt die Gelegenheit, um mich anzuflehen:

„Um Gottes willen, holen Sie mich hier raus! Ich halte das nicht mehr aus!"

Von den Prostituierten, die mich umringen, bekomme ich einige zwar ungenaue, jedoch wahrheitsgetreue Informationen. In einer Bar mit dem Namen „Superstar" soll eine sechzehnjährige Jugendliche von dem Besitzer der Bar dazu gezwungen worden sein, ihren Sohn herzugeben. Ein dreizehnjähriges Mädchen soll angeblich von dem Besitzer einer anderen Bar für einige Gramm Gold gekauft worden sein. Viele von diesen Mädchen sind dann weiterverkauft worden, heißt es.

Als ich meine Interviews schließlich beendet habe, nutze ich die Gelegenheit, um „Mineirinhos" Mißtrauen vollends zu schüren und mache keinen Hehl mehr aus meinem Interesse an der Versklavung der Mädchen. Er gibt zu:

„Wenn sie die Schulden nicht zahlen, dann müssen sie bleiben. Einer muß schließlich die Transportkosten, das Flugzeugticket und all das bezahlen."

Das Gespräch mit ihm ist spannungsgeladen und wird immer wieder unterbrochen durch schnelle und kurze Fragen. Er erklärt mir, wie das mit der Verschuldung funktioniert. Zuerst sei da das Flugticket und dann später ein längerer Aufenthalt. Denn sobald die Mädchen in Saramandaia eintreffen, müsse er für sie Kleider, Schuhe, Parfum und Hygieneartikel kaufen. Sie essen in einer Kantine, in der er anschreiben läßt, sagt er. Später begleiche er dann die offenen Rechnungen mit dem Geld, das die Mädchen einnehmen. Aber es ist „Mineirinho" selbst, der den Preis eines jeden Produktes und die Saldi der Mädchen kontrolliert.

Mit einem Ausdruck der Verachtung zeigt er auf Loura, die ihm mit gesenktem Kopf gegenübersteht.

„Die da trinkt den ganzen Tag lang. Wer soll das bezahlen?"

Loura, die ihren Kopf immer noch gesenkt hält, antwortet:

„Ich muß trinken, sonst halte ich das hier nicht aus." Ich frage ihn, ob an den Anklagen über die vorherrschende Gewalttätigkeit etwas wahr sei. Er versichert mir:

„Lügenmärchen. Ich behandele sie wie meine Töchter."

Ich erwähne eine gewisse „Fininha". Er unterbricht mich und holt aus:

„Das ist eine Verbrecherin. Die ist abgehauen, ohne ihre Rechnung zu bezahlen."

Nach diesem Interview mit „Mineirinho" ist es unmöglich geworden, in Cuiú-Cuiú die Nacht zu verbringen. Nicht etwa, weil es in der Stadt kein Hotel gibt, sondern weil wir ein nicht zu unterschätzendes Risiko eingehen würden. Schließlich haben wir nicht viel Zeit zu verlieren. Das Flugzeug bricht noch vor Sonnenuntergang auf, da es zu anderen Tageszeiten im größten Teil des Amazonasgebietes keine Startmöglichkeiten gibt: die Flugpisten sind unbefestigt, es gibt keine Beleuchtung und natürlich auch keinen Kontrollturm.

Aber ich kann nicht fort, ohne versucht zu haben, mit „Tampinha" zu sprechen. Wir gehen in die Bar „Matador". Sie ist leer, kein einziges Mädchen ist zu sehen. Es gibt dort nur einen Kellner, der uns mit zitternden Händen ein Bier serviert und uns darüber informiert, daß sich „Tampinha" im Goldwäschercamp aufhalte. Mir drängt sich unwillkürlich der Verdacht auf, er habe nur einem Interview mit mir aus dem Weg gehen wollen und die Mädchen verschwinden lassen. Ich bin enttäuscht.

Auf dem Rückweg gehe ich auf die Polizeiwache. Ich bitte um die Liste mit den Kollaborateuren, um eine Verbindung nachweisen zu können, die diese mit dem Mädchenhandel haben. Abgesehen von der Liste bekomme ich auch ein Interview mit dem Hauptkommissar José Souza da Silva, der gerade eingetroffen ist. Ich fühle mich unbehaglich, als die Beamten vor dem Kommissariat die Posen wahrer Gesetzeshüter einnehmen. Sie können doch nicht etwas von meinen wahren Absichten ahnen. Dann stelle ich ihnen eine abschließende Frage:

„Was ist dran an diesen Geschichten, Kommissar, daß Mädchen von hier fliehen?"

Die Antwort ist exemplarisch:

„Nichts, das sind Gaunerinnen. Die wollten ihre Schulden nicht bezahlen."

Minuten später befinden wir uns im Flugzeug, das diesmal einen Agenten der nationalen Gesundheitsbehörde als Anhalter mitnimmt. Er quetscht sich zwischen mich und unseren Führer. Ich nutze die Zeit, um alle Einzelheiten in mein Reisetagebuch zu schreiben. Aber es ist sehr schwierig, etwas niederzuschreiben. Die Turbulenzen haben sich nicht nur auf meine Hände übertragen, sondern auch auf mein Gemüt. Ich fühle mich unsicher in diesem Flugzeug, das den Amazonasurwald überfliegt, Szenario zahlreicher unfreiwilliger Landungen. Dennoch ist mein Gekritzel lesbar.

Ich halte wertvolles Material in Händen, darunter die Namen von Augenzeugen der Versklavung, nach denen ich so sehr gesucht habe. Aber was den Journalisten beglückt, bringt den Laien zum Nachdenken. Der Appell Tietas geht mir nach. Vielleicht hätte ich ihr helfen und sie, wenn nötig mit Gewalt, da herausholen sollen! Ob mir das gelungen wäre? Zweifel quälen mich. Die Antwort, die ich mir selbst gebe, ist „nein." Wenn ich ein Verwandter des Mädchens wäre, eine Schwester vielleicht, hätte ich dann auf die gleiche Weise reagiert? Das Reisetagebuch ist mein Zeuge, daß ich hiermit vielleicht eine unkorrekte Haltung einnehme, jedoch wenigstens ehrlich mir selbst gegenüber bin. Was, darin werden wir uns einig sein, Tieta in keiner Weise hilft.

MARIA IZAIDE BATISTA
(TIETA)

*Sie hatte keine Ahnung davon,
was sie in Cuiú-Cuiú erwarten
sollte. Sie wollte von dort fortgehen und konnte nicht, gefangen von „Mineirinho", dem
Besitzer der Bar „Saramandaia." Tieta hatte versucht, mit
einem Reporter zu sprechen,
aber „Mineirinho" hatte das
nicht zugelassen und jedes
Wort ihrer Unterhaltung kontrolliert. Als er sich für einen
kurzen Augenblick entfernte,
flehte sie den Reporter an:
„Holen sie mich hier um Gottes
willen raus!"*

Noch bevor das Flugzeug in Itaituba eintrifft, führt die Erkenntnis über die Bedeutung des journalistischen Materials zusammen mit den moralischen Bedenken, die Tietas Hilferuf in mir hervorrufen, zu einer Änderung meiner Pläne. Ich telefoniere nach São Paulo und kontaktiere zwei Redakteure der Zeitung „Folha", Leão Serva und Marcelo Beraba. Das Material sollte direkt verbreitet werden. Zwei Wochen zuvor hatte ich per Telefon mit dem Redaktionsleiter Otavio Frias Filho gesprochen und ihm anvertraut, daß ich mich auf den Spuren des Mädchenhandels befände. Nach meinem Gespräch mit den beiden Redakteuren beschließt man seitens der Zeitung, eine Reihe von Reportagen zu machen, die am 6. Februar veröffentlicht werden sollen.

Ich begebe mich nach Belém und kehre damit zum Ausgangspunkt meiner Reise zurück. Meine Rückkehr hat insbesondere ein Treffen mit Pater Bruno Secci zum Hintergrund, einem der Initiatoren der vorliegenden Untersuchung. Ich fertige einen Augenzeugenbericht an. Secci gebe ich zu verstehen, daß er sich angesichts der bevorstehenden Reportagen durch „Folha de S. Paulo" auf Ärger gefaßt machen soll.

Er ist sehr ungeduldig und steht unter Spannung. Die Verbreitung der Nachricht wird sicherlich die Zuhälter von Cuiú-Cuiú aufbringen, die in der Lage sind, Vergeltungsmaßnahmen einzuleiten. Schnelles Handeln ist nun gefragt. In Zusammenarbeit mit anderen Gruppen verfaßt Pater Bruno Secci eine Darstellung des Sachverhaltes, um den Gouverneur des Staates Pará, Jáder Barbalho, unter Druck zu setzen. Das Ziel ist, eine Blitzaktion zu starten, um die Mädchen zu befreien.

Wir stellen uns vor, daß ein so durchtriebener und erfahrener Politiker wie Jáder Barbalho sich kaum die Gelegenheit entgehen lassen wird, gleichsam wie der Phoenix aus der Asche als Retter der Mädchensklaven zu erscheinen. Es muß sofort gehandelt werden.

Ich kehre nach Brasília zurück und bereite eine Reihe von Reportagen über die Prostitution, den Mädchenhandel und die Versklavung der Mädchen vor. Dabei schreibe ich nicht nur über die Vorkommnisse in Pará, sondern über die im gesamten Einzugsgebiet des Amazonas. Bei der Zeitung „A Folha de S. Paulo" ist man einverstanden mit meinen Plänen und druckt am Donnerstag, dem 6. Februar, auf der Titelseite den Anfang meiner Serie über Cuiú-Cuiú. Dabei beweisen die aufgeführten Daten, die Zeugen, Dokumente und Fotos die Existenz der Mädchensklaven. Aber ich hatte die Gerissenheit eines Jáder Barbalho, zumindest teilweise, falsch eingeschätzt.

Organisierte Gruppen, vor allem die Gesellschaft für Menschenrechte, reagieren jedoch ohne Verzug. Die UNICEF verschickt Telegramme an ihre Hauptverwaltungen und ruft zu geeigneten Maßnahmen auf. Die Korrespondenten im Ausland mobilisieren sich und die Angelegenheit wird u.a. in „The Washington Post", in „The Guardian", der wichtigsten englischen Zeitung, sowie auf der Titelseite des „Corriere Della Sera", der wichtigsten italienischen Publikation, besprochen.

Der Generalstaatsanwalt Aristides Junqueira sowie der Justizminister Jarbas Passarinho führen Anklage gegen die Polizei. Präsident Fernando Collor behauptet, „schockiert zu sein" und bezeichnet den Handel sowie die Versklavung der Mädchen als „untragbar." Noch am Morgen jenes besagten 6. Februar erhalte ich einen Anruf von Romeu Tuma, dem Generaldirektor der „Polícia Federal". Er setzt mich davon in Kenntnis, daß man eine Untersuchung in der Region plant.

Ich frage Tuma, wann diese Invasion starten soll. „Am Montag, den 10. Februar," versichert er mir. Er bittet mich um meine Meinung (sicher nur aus Gründen der Höflichkeit).

Ich sage ihm, daß die Mädchen in Gefahr sind und daß man im übrigen durch eine Verzögerung die Gelegenheit verspiele, die Hauptdrahtzieher in flagranti zu erwischen. „Dann werde ich jetzt sofort einen Polizeibeamten dorthin schicken," fügt er hinzu.

Die Mädchensklaven sind nun zu einem Feuerball im Spiel um die Macht geworden. Jarbas Passarinho, ein Politiker, der seine Hauptwählerschaft in Pará hat, geht äußerst umsichtig vor, um Jáder Barbalho nicht auf die Füße zu treten. Er erstattet Anzeige, zusammen mit der Regierung des Staates Pará. Aber entgegen meiner Vorhersage zieht der Gouverneur des Staates es vor, eine defensive Haltung einzunehmen.

„Journalisten brauchen nicht so weite Reisen zu unternehmen, um Prostituierte zu sehen. Das gibt es auch auf der Avenida Paulista," so sein ironischer Kommentar.

Seine Zeitung, der „Diário do Pará", reagiert wesentlich agressiver. Am Freitag erscheint in dieser Publikation ein Artikel mit dem Titel „Die Prostitution von Dimenstein", in dessen Einführung meine Reportage als „oberflächlich" bezeichnet wird:

„Wer weiß, ob der Knabe nicht das Problem der Minderjährigen ins Rampenlicht gezogen hat, weil unsere Region der „Gag" ist, in Mode oder exotisch: so etwas verspricht unter Umständen ein Trophälein. Das vorliegende Material konnte das Thema nicht vertiefen. Es ist alles auf der Grundlage eines 'Herr Müller hat gesagt und Herr Meier meint das auch.'"

Weiter unten in diesem Artikel versucht man mit scharfen Attacken, die Entdeckung der Mädchensklaven in den Dreck zu ziehen:

„Um zu einem Ende zu kommen: wenn die Aufmerksamkeit auf das Problem der Prostitution von Minderjährigen gelenkt werden sollte, dann hätte die Plaudertasche vom „A Folha de S. Paulo" nicht den hochgelobten Dimenstein ins aufgebrachte Amazonien schicken müssen. Es hätte genügt, den Jungen in die rua Augusta zu schicken, wo versprengte Jugendliche sich für 30 Kröten anbieten."

Tatsächlich richtet sich der Zorn gewisser Kreise in Pará, denen die Reportage gegen den Strich geht, nicht gegen die Individuen, die die Mädchen versklaven, sondern gegen den Journalisten. Die erste Dame des Staates, Alcione Barbalho, wurde beleidigend, weil in der Reportage die Gesichter der Mädchen gezeigt werden: „Das ist ein Verantwortungsloser". Schon lange wissen sowohl der Gouverneur Jáder Barbalho und seine Gattin als auch die Journalisten des „Diário do Pará" von der Versklavung und dem Handel mit Mädchen. Die Angelegenheit wurde hin und wieder in der Presse und in offiziellen Dokumenten von Leuten wie der Geologin Maria Rita, der Sekretärin für Industrie, Handel und Bodengewinnung erwähnt.

Aber man zieht das große Schweigen vor, das in den Augen gewisser Leute nichts Verantwortungsloses hat. Sie haben keinen Finger gerührt, um die Mädchen zu befreien und geben sich jetzt besorgt, was die Veröffentlichung der Photos anbetrifft. Sie lassen sich nicht einmal zu der Überlegung herab, daß, wären die Photos nicht veröffentlicht worden, wir lange nicht die Wirkung erzielt hätten, die notwendig war, um die Mädchen zu befreien. Es gibt schließlich Berichte von Bürgerbewegungen, wie der „Movimento de Meninos de Rua", in denen die Sklaverei angeprangert wird. Aber sie bleiben ungehört.

Das Ergebnis dieses Aufstandes in Pará, der sich gegen die Zeitung „A Folha" und nicht gegen die Sklavenhändler richtet, ist, daß die Blitzaktion der Polizei hinausgezögert wird und die Mädchen in Gefahr sind. Bis zum 12. Februar geschieht nichts. Es ist ein langes Warten. In seiner Verzweiflung droht Pater Bruno Secci dem Gouverneur an, ihn für das fehlende Eingreifen verantwortlich zu machen und erreicht damit, daß die Diskussion über die Veröffentlichung der Photos wieder angeheizt wird.

Ich befinde mich in meinem Haus in Brasília, als ich am Morgen des 13. Februar davon in Kenntnis gesetzt werde, daß die Militärpolizei der „Polícia Federal" zuvorgekommen und in Cuiú-Cuiú eingefallen ist. Dort befinden sich unser Korrespondent von Belém, Abnor Condim und der Fotograf Roberto Jayme, die gemeinsam auf die Offensive warten. Das Flugzeug landet um zehn Uhr dreißig. Die Bundespolizisten sollten erst am folgenden Tag in Cuiú-Cuiú landen, und zwar unter dem Kommando der Polizeikommissarin Maria das Graças Malheiros.

Die Garantie auf Straffreiheit, an die sich die Mädchenhändler bereits gewöhnt haben, führt dazu, daß alle verhaftet werden, ohne zu reagieren. Sie haben von den Reportagen gewußt, aber sich nicht gerührt. Als die Polizei in Cuiú-Cuiú eintrifft, sind sie alle anwesend und bemühen sich erst gar nicht, einen falschen Anschein zu erwecken, mit Ausnahme des gefürchtetsten unter ihnen, „Tampinha". Jene so mächtigen Subjekte, die vielen große Angst und Schrecken eingejagt hatten und von ihren Banditen abgeschirmt worden waren, stellten keine Bedrohung dar.

Mit großer Genugtuung verfolge ich auf dem Bildschirm, wie Loura den Mädchenhändler „Mineirinho" der Mißhandlung von Mädchen anklagt. Die Polizei hat das Mädchen gerade losgekauft. Als Strafe dafür, sich mit mir unterhalten zu haben, hatte er sie für 20 Gramm Gold verkauft, sie mit Puffen und Knuffen malträtiert und ihr angedroht, sie umzubringen, eine Drohung, die auch Tieta galt.

Loura hat schon nicht mehr das Auftreten eines geprügelten Hundes, der mit gesenktem Kopf dem wütenden Blick seines „Herrn" ausweicht. Weinend zeigt sie vor der Kamera mit dem Finger auf „Mineirinho" und lädt alles ab, was sie bedrückt hat. Gleichzeitig nimmt die Beamtin von der „Polícia Federal" die Zeugenaussage eines Mädchens auf, das „Mineirinho" beschuldigt, einer der Mitverantwortlichen für die Morde an fünf Prostituierten zu sein. Das Mädchen, das in Itaituba angehört wird, schwört, den geheimen Friedhof zu kennen. „Mineirinho" streitet alles ab.

Der Einfall der Polizei in Cuiú-Cuiú trägt dazu bei, die verheimlichten Horrortaten aufzudecken, die sich an diesem Ort ereignet haben. Die Mädchen können nun ohne Angst aussagen. Augustinéia Souza Aguiar gelingt es sogar, selbst die Polizisten zu schockieren. In einem Bericht der „Polícia Federal", der später an Präsident Fernando Collor geschickt wird, ist festgehalten, daß Souza Aguiar alleine im Monat Dezember dazu gezwungen wurde, 518 mal Geschlechtsverkehr zu haben. Augustinéia hatte es fertiggebracht, jeden Sexualakt auf einem Papier zu vermerken.

Die „Polícia Federal" nimmt Aussagen von Zeugen auf, die den Mord an einem Sklavenmädchen mit dem Namen Francisca, das als Janete bekannt ist, bezeugen. Bevor sie begraben worden sei, so die Zeugen, sei ihre „Leibherrin", Maria Nanci Oliveira de Moura (Nira) noch so umsichtig gewesen, alle Plomben aus den Zähnen der Leiche zu entfernen. Und man entdeckte noch mehr: Nira hatte die eigene Tochter in der Nachtbar „Luz Vermelha" ausgebeutet.

Im Besitz dieses Berichtes gibt der Chef der „Polícia Federal" Romeu Tuma zum Ausdruck, daß ihm in seinen vielen Jahren Berufspraxis noch nie „Derartiges" untergekommen sei. Die ehemalige Sklavin Kelen de Lima berichtete, daß Raimundo Costa Silva, Kellner und Leibwächter in der Nachtbar, in der sie gearbeitet hatte, mit ihr habe schlafen wollen. Als sie sich weigerte, schlug er sie mit dem Knauf seines Revolvers auf den Kopf. Sie wurde ohnmächtig. Während das Blut aus ihrer Wunde spritzte, vergewaltigte er sie.

Einige der Fährten, die im Laufe meines Aufenthaltes in Cuiú-Cuiú aufgedeckt wurden, werden von Abnor Gondim bestätigt. In der Tat hebt sich unter den Mädchenslaven, die am Tag des überraschenden Einfalls befreit werden können, ein Fall besonders hervor. Es handelt sich um eine sechzehnjährige Jugendliche, die einen Sohn hat und vom Besitzer einer Nachtbar gezwungen wurde, diesen herzugeben.

Am Tag ihrer Befreiung hält Erleide Lins Silva, die sich bereits seit ihrem elften Lebensjahr prostituiert, ihr drei Monate altes Baby Alex fest umschlungen. Sie hat gekämpft, um den Kleinen behalten zu können. Als sie schwanger wurde, hatte der Besitzer der Nachtbar „Superstar", José Maria Neto, auch „Zé Caboclo" genannt, sie gezwungen, Abtreibungspillen zu schlucken. Sie hatte sich geweigert und wurde daraufhin bis zum fünften Schwangerschaftsmonat dazu gezwungen, ihren Körper zu verkaufen, um etwas Nahrung zu bekommen. Als Alex zur Welt kam, war sie einem noch stärkeren Leidensdruck ausgesetzt: „Zé Caboclo" hatte ihr befohlen, den Jungen herzugeben.

„Ich habe wieder gekämpft", erinnert sich Erleide. „Nur, daß ich eine Woche nach meiner Niederkunft schon wieder mit Männern schlafen mußte."

Erleide ist nicht die einzige, die unter Druck gesetzt worden war und Widerstand geleistet hatte. Maria de Jesus Holanda hatte sich ebenfalls geweigert, die Abtreibungspillen zu nehmen, die ihr der Besitzer der Nachtbar „Tangará" gegeben hatte, ein Mann, der auch unter dem Spitznamen „Bigode" bekannt ist.

„Als ich mich weigerte, hat er mir geschworen, mich umzubringen", sagt Maria de Jesus am Tag ihrer Befreiung, im siebten Monat schwanger.

Bei unserem Überraschungsbesuch in Cuiú-Cuiú finden wir heraus, daß Bigode mit der dreizehnjährigen Edna Lima „verheiratet" ist, die er Zé Caboclo für 20 Gramm Gold abgekauft hat. An diesem Ort ist alles käuflich. Das Mädchen Valéria Soares Vieira hatte sich in einen Streit eingemischt, der in der Nachtbar „Luz Vermelha" ausgebrochen war, in der sie gearbeitet hatte. Man hatte sie festgenommen. Anschließend war sie von Polizeibeamten verprügelt worden. Aber ein Goldwäscher hatte sie freigekauft, weil er Zuneigung zu ihr gefaßt hatte: die Befreiung hatte ihn 5 Gramm Gold gekostet.

„So viel kostet die Freilassung", informiert Valéria.

Ein Hubschrauber der „Polícia Federal" trifft am Freitag in der Stadt ein, um 55 Prostituierte mitzunehmen, von denen 25 minderjährige Mädchen sind. Ihr Reiseziel ist Belém. Sie machen sich reisefertig. Viele, wie Tieta zum Beispiel, ziehen ihre besten Kleider an, schminken sich und richten sich die Haare. Der Großteil der Bewohner von Cuiú-Cuiú läuft zusammen, um sich das Schauspiel anzusehen, verstehen tun sie es nicht. Es sind bewaffnete Polizisten, Fotografen und Filmemacher anwesend. Viele der Kinder sehen zum ersten Mal in ihrem Leben einen Hubschrauber. Die meisten dieser Leute wissen nicht, warum die Frauen fortgebracht werden. Sie sind mit den Nachtbars voller Prostituierten in ihrer nächsten Umgebung aufgewachsen, von denen jede ihren „Leibherren" hat. Dies wird in der Region als etwas völlig Normales angesehen.

Jene bedauernswerten anonymen Wesen, die in den Nachtbars gefangengehalten wurden, erleben jetzt ihren glanzvollen Auftritt. Als sie in Belém mit Flugzeugen der brasilianischen Luftwaffe eintreffen, werden sie dort bereits von einem großen Empfangskommitee erwartet: es sind Sozialhelfer, Regierungsbeamte, die gerührte erste Dame des Staates, Journalisten und unzählige Fernsehkameras. Mit dabei ist auch Pater Bruno Secci und Lurdes Barreto, die Anführerin der Prostituierten von Pará.

Gleich am Tag ihrer Ankunft werden die Mädchen medizinisch versorgt. Die behandelnden Ärzte sind schockiert. Sie versorgen ein Mädchen, das im siebten Monat schwanger ist und dessen Körper zahlreiche Zeichen körperlicher Mißhandlung trägt. Andere sind mit Malaria, Hepatitis und Geschlechtskrankheiten infiziert.

Von Kennern des Amazonasgebietes wird diese Euphorie jedoch mit Skepsis gesehen. Wagner Domingos, der auch unter dem Namen „Pai Velho" bekannt ist, ist Besitzer der Landebahn von Cuiú-Cuiú. Er allein bestimmt, welche Flugzeuge dort landen dürfen und welche nicht. Als wir dort waren, hatten wir ebenfalls ein Flugzeug der

ERLEIDE LINS SILVA

*Der drei Monate alte Alex ist
in Gefangenschaft groß geworden. Seine Mutter, Erleide
Lins Silva, sechzehn Jahre alt,
die sich seit ihrem elften Lebensjahr prostituiert, mußte
hart kämpfen, um ihn zur Welt
bringen zu können. Der Besitzer einer Nachtbar hatte darauf bestanden, das Kind abzu-
treiben. Später sollte sie es an
jemanden fortgeben. Sie hatte
Widerstand geleistet. Um etwas Nahrung zu bekommen,
mußte sie sich bis zum fünften
Schwangerschaftsmonat   an
Männer verkaufen.*

Agentur Pai Velho anmieten müssen. Da die Mädchen über seine Agentur nach Cuiú-Cuiú gebracht wurden, wird er in Itaituba verhaftet.

„Das ist doch nicht ernstzunehmen. Ein Witz, ein Narrentanz. Es dauert nicht lange, und die sind alle wieder da", kritisiert er und erinnert daran, daß in anderen Lufttaxis auch Mädchen und Frauen in die Goldwäschercamps gebracht werden.

Die gleiche Tonart schlägt auch Ivo de Castro von der Union der Goldwäscher Amazoniens an:

„Das Ganze ist doch nichts als ein Medienspektakel. Mädchenprostituierte und Sklavinnen gibt es fast in allen Goldwäschercamps von Pará. Seltsam, diese ganze Aufregung. Die Polizei in den Camps lebt mit den Nachtbars in Frieden und Eintracht, die wissen, was da passiert."

Lieber Leser, dieses Buch mit einem Happy-End zu beschließen, wäre wahrscheinlich für Sie wie für mich wesentlich angenehmer. Was gibt es schließlich schöneres als ein Happy-End im Stile alter Filme, in denen der Böse Opfer seiner eigenen Bösartigkeit wird und die Unterdrückten glücklich werden! Was jedoch diese Mädchen anbetrifft, so sind die meisten von ihnen weit davon entfernt, ein glückliches Ende zu erleben.

Viele von ihnen hatten bereits am Tag ihrer Freilassung den Entschluß gefaßt, sich weiterhin zu prostituieren. Nicht wie in Cuiú-Cuiú, wo sie wie Sklavinnen gehandelt wurden und nichts von ihrem verdienten Geld gesehen hatten. Die Mehrheit dieser Mädchen hat jedoch nichts gelernt und steht ohne Ausbildung da. Es ist wahrscheinlich, daß viele von ihnen, vielleicht sogar die meisten, zu dem Zeitpunkt, da dieses Buch auf dem Markt erscheint, bereits wieder auf der Straße stehen und sich mit Sex ihren Unterhalt verdienen.

Aber es gibt nicht nur schlechte Nachrichten. Am 20. Februar erhalte ich einen Anruf, der mich davon in Kenntnis setzt, daß „Tampinha" verhaftet worden ist, und zwar in Santarém. Bei ihm hat man ein Buch mit pornographischen Fotos beschlagnahmt. Eines seiner größten Vergnügen bestand wohl darin, seine Sklavinnen zu Gruppensex zu zwingen und davon Fotos zu schießen, die er zu verkaufen pflegte.

Vielleicht sind die Mädchen nicht die Gewinner in dieser ganzen Geschichte. Aber zumindest haben einige der Mädchenhändler, die hinter Gitter gebracht wurden, zu spüren bekommen, was es heißt, in einem Käfig zu leben.

GRUPPENBILD DER FREI-GELASSENEN MÄDCHEN

Tag der Freilassung der Mäd-chen von Cuiú-Cuiú, die mit dem Hubschrauber nach Itaitu-ba und später nach Belém ge-bracht wurden. Viele von ihnen wissen nicht, was sie mit ihrem neuen Leben anfangen sollen, außer weiterhin ihren Körper zu verkaufen.

19,80.

Ein amüsantes und entlarvendes Buch über das Zusammenleben von Deutsche und Türken.

Was Deutsche über Türken und Türken über Deutsche schon immer wissen wollten

Herausgegeben von
Rudolf Blauth
80 Seiten, Broschur,
DM 12,80
ISBN 3-927527-53-X

Eine deutsch-türkische Jugendgruppe sammelt Fragen: neugierige Fragen, entlarvende Fragen und schweigendes Unbehagen. Dann werden bei den jeweils anderen nach Antworten gesucht. Das Ergebnis ist ein soziales Psychogramm des Zusammenlebens von Deutschen und Ausländern.

Marino Verlag
Theresienstr. 40
8000 München 2